URSULA SCHERSCH

DIE WELT IM EINMACHGLAS

URSULA SCHERSCH

DIE WELT IM EINMACH GLAS

HAUSGEMACHTES VON NAH UND FERN – EINKOCHEN, EINLEGEN, FERMENTIEREN UND VIELES MEHR

INHALT

DIE WELT IM EINMACHGLAS
VORWORT

Rund um den Globus werden regionale Lebensmittel mit traditionellen Methoden haltbar gemacht. Dieses Buch spannt den Bogen von den Rezepten meiner Heimat Österreich hin zu einer persönlichen Auswahl von Haltbargemachtem aus aller Welt.

Haben Sie schon einmal Milch und Zucker zu Dulce de Leche, einem karamellartigen Brotaufstrich aus Südamerika, gerührt? Eine feurige mexikanische Salsa zum Dippen fermentiert? Oder die Schalen von Wassermelonen süßsauer wie in den US-Südstaaten eingelegt? Wenn nicht, wird es Zeit, all dies auszuprobieren.

In diesem Buch finden sich rund 100 Rezepte zum Thema Haltbarmachen aus 35 verschiedenen Ländern sowie heimische Klassiker. Der Titel »Die Welt im Einmachglas« ist dabei weit gefasst: Rezepte für Eingelegtes, Eingekochtes, Fermentiertes, Getrocknetes – aber auch Hausgemachtes wie Brot-, Ei- und Milchrezepte sind enthalten.

Hinter all diesen traditionellen Methoden des Haltbarmachens verbergen sich faszinierende mikrobielle Prozesse. Während die Gerichte in diesem Buch oft exotisch klingende Namen tragen, habe ich bei der Auswahl der Rezepte darauf geachtet, dass diese weitgehend mit heimischen Zutaten herstellbar sind.

Dieses Kochbuch verbindet meine zwei Lebenswelten: einerseits die Wertschätzung für regionale und saisonale Lebensmittel, andererseits meinen durch Auslandsaufenthalte und Reisen international geprägten Lebensstil. Die Welt im Einmachglas verknüpft beides und soll Lust auf Rezepte vieler Länder machen – bestimmt ist auch für Sie das eine oder andere neue Lieblingsrezept dabei.

Probieren Sie es aus!

Ursula Schersch

KNOW-HOW HALTBARMACHEN
DIE METHODEN

Marmelade und Konfitüre sind klassische Beispiele für heiß Abgefülltes.

So verschieden die Methoden des Haltbarmachens auch sind, so zielen sie doch auf das Gleiche ab: ein Milieu zu schaffen, das unerwünschten Mikroorganismen das Leben schwer macht.

Es gibt verschiedene Methoden, Lebensmittel haltbar zu machen. Zu den gängigsten Konservierungsmethoden zählen das Heißabfüllen, Einkochen im Glas, Fermentieren (milchsauer vergären), Einlegen in einen sauren Sud, in Salz, Zucker, Alkohol oder Öl, das Trocknen, Beizen, Räuchern und Einfrieren. All diese Methoden sollen ein Milieu schaffen, das unerwünschten Mikroorganismen wie Schimmelpilzen oder Fäulnisbakterien das Leben schwer macht. Die folgenden Methoden zur Haltbarmachung kommen in diesem Buch am häufigsten zum Einsatz.

Heißabfüllen

Heißabfüllen ist wahrscheinlich die einfachste Methode, um Lebensmittel haltbar zu machen. Marmeladen und Co. sind klassische Beispiele für heiß Abgefülltes. Hier kocht man Früchte zusammen mit Zucker oder Gelierzucker für einige Minuten in einem Topf, die Mischung wird dann heiß in Gläser gefüllt und diese werden sofort verschlossen. Beim Abkühlen entsteht ein Unterdruck im Glas, der dafür sorgt, dass der Deckel dicht sitzt. Dies verhindert das Eindringen neuer Keime und macht Abgefülltes haltbar. Erzeugnisse mit hohem Zuckeranteil wie Marmelade, Konfitüre oder Gelee sind besonders für das Heißabfüllen geeignet. Der Zucker entzieht Verderbnis erregenden Mikroorganismen wie Schimmelpilzen und Bakterien das Wasser und damit die Lebensgrundlage.

Dabei wirkt sich zugesetzte Säure wie Zitronensaft oder -säure nicht nur positiv auf Gelierfähigkeit, Farbe und Geschmack aus, sondern sie sorgt auch für eine längere Haltbarkeit.

Einkochen im Glas
Das Einkochen von befüllten Gläsern in einem großen Einkochtopf im Wasserbad wird umgangssprachlich – in Anlehnung an die verbreiteten Einmachgläser – oft »Einwecken« oder in Österreich »Einrexen« genannt. Zum Einkochen im Wasserbad kann man aber auch Twist-off-Gläser verwenden. Üblicherweise werden Kompotte, Suppen, Würzsaucen und Sugos eingekocht, aber auch Fleischgerichte und sogar Kuchen lassen sich mit dieser Methode konservieren. Marmeladen und andere Fruchtzubereitungen mit geringem Zuckeranteil können nach dem Heißabfüllen zusätzlich eingekocht werden, um sie noch länger haltbar zu machen. Eingekochtes kann bei kühler Zimmertemperatur gelagert werden, ein kühlerer Ort wie der Keller verlängert die Haltbarkeit. So hält Eingekochtes ungeöffnet 1 Jahr, oft sogar länger.

Tomatensugo eignet sich hervorragend zum Einkochen.

Beim Einkochen werden Gläser in einem Topf mit kochendem Wasser für eine bestimmte Dauer gekocht. Ein Glasheber erleichtert das Herausheben der heißen Gläser.

Beim Einkochvorgang werden befüllte und danach verschlossene Gläser in einem großen Topf mit kochendem Wasser für eine bestimmte Dauer – je nach Einmachgut – gekocht. Der Überdruck im Glas kann dabei durch die Gummidichtung entweichen, was nach dem Abkühlen wiederum zu einem Unterdruck im Glas führt. Dadurch wird der Deckel angesaugt und das Eindringen neuer Keime in das Glas verhindert. Bei klassischen Einkochgläsern sitzt nach dem Abkühlen der Deckel auch nach Entfernen der Klammern fest auf den Gläsern. Bei Twist-off-Gläsern ist der Deckel nach innen gewölbt und beim erstmaligen Öffnen knackt oder zischt es. Wer einen Dampfgarer hat, kann die befüllten Gläser auch darin erhitzen und die Speisen auf diese Weise haltbar machen.

Im Backofen einzukochen, ist eine weitere, gerne angewandte Methode. Dafür werden die befüllten und verschlossenen Gläser auf ein tiefes Backblech, das einige Zentimeter hoch mit Wasser gefüllt ist, gestellt und bei 150° (Umluft) erhitzt. Die Einkochzeit beginnt, sobald Luftbläschen in den Gläsern aufsteigen. Diese Methode ist weniger sicher als das Einkochen im Topf, da die Temperatur im Glas nur geschätzt werden kann, und vor allem bei breiartigem Inhalt aufsteigende Luftbläschen nicht oder nur schwer erkennbar sind.

Geeignete Lebensmittel

Generell können nur Lebensmittel mit einem pH-Wert von unter 4,5 (sauer oder leicht sauer) bedenkenlos eingekocht werden. In nicht sauren Milieus bekommen schädliche Erreger leichter die Überhand (siehe Botulimus). Wenn man Lebensmittel mit einem höheren, wenig sauren pH-Wert einkochen will, muss ihnen entweder Säure zugesetzt werden oder man muss sie auf mehr als 100° erhitzen. Da der Siedepunkt von Wasser bei 100° liegt, lässt sich eine höhere Temperatur weder im Einkochtopf noch im Backofen oder Dampfgarer erreichen. Nur mit einem Druckkochtopf erreicht man die notwendige höhere Temperatur.

Wichtig zu wissen: Botulismus

Botulismus ist eine schwere, im deutschsprachigen Raum jedoch seltene Lebensmittelvergiftung, die durch das Bakterium Clostridium botulinum hervorgerufen wird. Meist geht die Vergiftung auf verdorbenes Fleisch oder unsachgemäß selbst eingekochtes Gemüse zurück. Kontaminierte Lebensmittel riechen nicht anders und sehen nicht verändert aus. Ein aufgegangener Glasdeckel, ein aufgewölbter Twist-off-Deckel sowie aufgeblähte Konserven können jedoch auf das Bakterium hindeuten. Die betroffenen Lebensmittel müssen unbedingt entsorgt werden.

Das Bakterium vermehrt sich unter Ausschluss von Sauerstoff in einem neutralen oder schwach sauren Milieu (pH-Wert höher als 4,5). Die Bakterien und das von ihnen gebildete Toxin werden beim Erhitzen auf eine Kerntemperatur von 100° binnen Sekunden zerstört, die Sporen aber nicht. Lebensmittel mit geringem Säuregehalt müssen im Druckkochtopf auf 121° oder zweimal hintereinander im Abstand von mindestens 24 Stunden auf 100° erhitzt werden, um eventuell in der Zwischenzeit ausgekeimte Sporen abzutöten.

Fermentation

Fermentieren wird auch »milchsauer einlegen« oder »milchsauer vergären« genannt. Diese Art des Konservierens nutzt die auf Obst und Gemüse natürlich vorkommenden Milchsäurebakterien, die unter Ausschluss von Sauerstoff in einer Salzlake Milchsäure bilden. Durch die Vergärung sinkt der pH-Wert auf ein saures Milieu, das Verderbniserreger hemmt und das Eingelegte haltbar macht. Fermentiertes erhält dadurch den typisch säuerlichen Geschmack.

Die bekanntesten Beispiele für diese Konservierungsmethode sind Sauerkraut und Salzgurken (saure Gurken). Doch es lassen sich noch weitaus mehr Lebensmittel fermentieren wie Getreide, Milchprodukte oder Getränke. Beim Fermentieren von Gemüse oder Obst wird dieses entweder zerkleinert, mit Salz vermengt und möglichst luftfrei in Gläser gedrückt oder im Ganzen in eine Salzlake eingelegt. Üblicherweise wird eine 2 %ige Salzlake für zerkleinertes Gemüse verwendet, bei ganzem Gemüse nimmt man eine rund 4 %ige Salzlake. Ganz wichtig ist, dass das Einmachgut immer komplett mit Flüssigkeit bedeckt ist, andernfalls verdirbt es leicht. Dabei helfen flache, schwere Einlegegewichte aus Glas oder Keramik zum

Salzgurken, die auch als saure Gurken bekannt sind, werden zum Fermentieren mit Gewürzen in eine Salzlake eingelegt.

Fermentieren ist eine der ältesten Methoden des Haltbarmachens. Dabei macht man sich die natürlich auf Obst und Gemüse vorkommenden Milchsäurebakterien zunutze.

Beschweren der eingelegten Zutaten. Vor dem Beschweren sollte man zerkleinertes Einmachgut wie Kohl mit einem großen Kohlblatt abdecken, um einzelne Stücke am Aufsteigen zu hindern. Kleinere Gemüsestücke, die dennoch an der Oberfläche schwimmen, neigen zur Schimmelbildung und sollten daher entfernt werden.

Um den Fermentationsprozess in Gang zu setzen, wird das Einmachgut zunächst einige Tage bei Zimmertemperatur (20–22°) gelagert. Nach ein bis drei Tagen sollten Bläschen im Glas aufsteigen. Das Fortschreiten der Gärung ist abhängig von der Umgebungstemperatur, was zu unterschiedlichen Fermentationszeiten führt. Ist die gewünschte Vergärung erreicht, lagert man das Haltbargemachte anschließend kühl, um den weiteren Säuerungsprozess deutlich zu verlangsamen.

Lebensmittel milchsauer zu vergären, wird nicht ohne Grund seit Jahrtausenden praktiziert. Da Fermentiertes nicht erhitzt wird, bleiben viele Vitamine, Mineralstoffe und andere wichtige Inhaltsstoffe erhalten. Fermentiertes ist daher als Bestandteil einer ausgewogenen Ernährung zu empfehlen.

Trocknen

Ob bei Hitze und Sonne im Freien, im Backofen oder Dörrapparat: Der Entzug von Wasser hemmt Fäulnisbakterien und Schimmelpilze in ihrem Wachstum und macht Getrocknetes lange haltbar. Wichtig ist, eine moderate Temperatur zum Trocknen zu wählen, rund 40 bis 60° sind ideal. Pilze, Kräuter, Obst und Gemüse schrumpfen beim Trocknen stark ein, da sie zu einem Großteil aus Wasser bestehen. Der Wasserentzug intensiviert außerdem das Aroma und die Süße.

Einlegen

Obst und Gemüse können zum Haltbarmachen in einen sauren Sud, Alkohol oder Öl eingelegt werden. Ein Einlegesud besteht meist aus einer Mischung aus Essig und Wasser sowie Salz, Zucker und verschiedenen Gewürzen. Die Kombination aus Säure, Salz und Zucker verleiht dem Eingelegten nicht nur einen besonderen Geschmack, sondern verlängert auch dessen Haltbarkeit. So hält sich das im Sommer gereifte Gemüse bis in die kalte Jahreszeit und Sie können den ganzen Winter wunderbar aromatisches Obst und Gemüse in bester Qualität genießen.

GLÄSER UND
ANDERE KÜCHENUTENSILIEN

Um Obst und Gemüse haltbar zu machen, bedarf es weder spezieller Geräte noch besonderem Equipment. Die meisten Rezepte lassen sich mit im Haushalt üblichen Küchenhelfern machen. Passende Gläser sind fürs Haltbarmachen allerdings essenziell. Unterschiedliche Größen, vor allem auch kleine Gläser, sind sinnvoll. Je nach Deckel eignen sich die verschiedenen Gläser für unterschiedliche Einmachmethoden.

Twist-off-Gläser und Schraubgläser

Am vielseitigsten verwendbar sind Gläser und Flaschen mit Twist-off- oder Schraubverschluss. Diese Gläser lassen sich hervorragend zum Heißabfüllen von Konfitüre, Marmelade, Gelee und Chutney, aber auch zum Einkochen von Obst und Gemüse im Einkochtopf verwenden. Twist-off- und Schraubverschluss unterscheiden sich dabei lediglich durch die Art ihres Gewindes.

Der Metalldeckel der Twist-off-Gläser sowie mancher Schraubgläser ist an der Innenseite mit einer dünnen Gummibeschichtung überzogen, die abdichtet, sobald sich im Glas Unterdruck bildet. Am liebsten verwende ich Deckel mit Vakuumknopf, einer kreisförmigen Erhöhung in der Mitte des Deckels. Dieser zeigt auf den ersten Blick, ob im Glas Unterdruck herrscht. Diese Deckel sind entgegen der gängigen Praxis eigentlich nur für den einmaligen Gebrauch gedacht. Bei mehrmaliger Verwendung kann es sein, dass sie nicht mehr ganz dicht schließen. Sollten Deckel öfter verwendet werden, sollte man diese vor Gebrauch unbedingt genau kontrollieren. Wölbt sich der Deckel nicht nach innen bzw. ploppt ein Glas beim Öffnen nicht, ist das ein Anzeichen für einen schadhaften Deckel und höchstwahrscheinlich verdorbenes Einmachgut. Das Einmachgut und den betroffenen Deckel unbedingt entsorgen.

Einkochgläser

Gläser mit losem Glasdeckel, Gummiring und Klammern zum Fixieren sind besonders praktisch zum Einkochen im Einkochtopf. Man befüllt die Gläser, dann werden – bei den (neuen) Rundrandgläsern – die Gummiringe auf den Deckeln platziert (nicht auf dem Glasrand). Nun setzt man den Deckel auf das Glas und verschließt ihn mit den zugehörigen Metallklammern.

Nach dem Abkühlen werden die Klammern entfernt. Durch den beim Einkochen entstandenen Unterdruck hält der Deckel auch ohne sie fest auf dem Glas. Auf diese Weise lässt sich überprüfen, ob das Einkochen funktioniert hat und das Eingemachte einwandfrei ist. Ein loser Deckel während der Lagerung ist ein Anzeichen für verdorbenes Einmachgut. Die Gummiringe können mit der Zeit porös werden, daher vor Gebrauch kontrollieren und bei Bedarf durch neue ersetzen.

Verbreitet sind auch Mason Jars, die mit einem flachen, aufgelegten Deckel und einem eigenen Schraubring verschließen. Der Metallring erfüllt denselben Zweck wie die Klammern bei den Weckgläsern und wird nach dem Einkochen entfernt. Auch Mason Jars zeigen fehlende Vakuumbildung durch einen losen Deckel an und eignen sich daher gut zum Einkochen.

Bügelgläser

Bügelgläser haben ebenfalls eine Gummidichtung zwischen Glas und Deckel und werden zusätzlich mit einem integrierten Drahtbügel verschlossen. Sie eignen sich am besten zum aromadichten Aufbewahren von Lebensmitteln, zum Fermentieren, Einlegen in Öl sowie Ansetzen von Likör oder Sauerteig. Fehlenden Unterdruck im Glas zeigen sie allerdings nicht an – ich verwende sie daher nicht zum Einkochen.

Twist-off-Gläser und -Flaschen (Bild 1) sind vielfältig einsetzbar. Gläser mit Gummiring, Glasdeckel und Klammern sind klassische Einkochgläser (Bild 2), so auch Mason Jars (Bild 3). Bügelgläser (Bild 4) eignen sich zum aromadichten Aufbewahren.

Schneidebrett und Messer, Waage, Gläser, Kochlöffel und Schöpfkelle gehören zur absoluten Grundausstattung.

Um Obst und Gemüse haltbar zu machen, bedarf es weder spezieller Geräte noch besonderem Equipment. Die meisten Rezepte lassen sich mit im Haushalt üblichen Küchenhelfern machen.

Scharfe Messer und Schneidebretter, Kochlöffel, Sparschäler, Gemüsereibe, Schöpfkelle sowie ein Messbecher und eine digitale Küchenwaage zum genauen Messen und Wiegen gehören ebenso zur Grundausstattung. Um passierte Konfitüre ohne Fruchtkerne herzustellen, benötigt man ein Passiersieb oder eine Flotte Lotte (Passiermühle). Für die Zubereitung von Gelee und Sirup sowie Käse ist ein Mulltuch (Passiertuch) erforderlich. Sehr praktisch ist ein Einfülltrichter mit breiter Öffnung, um die Glasränder beim Abfüllen von Marmelade und Co. sauber zu halten.

Um beim Einkochen im Wasserbad die Temperatur korrekt bestimmen zu können, ist ein Thermometer notwendig. Ich verwende ein Kerntemperaturthermometer mit Sonde. Ein Glasheber oder Silikon-Ofenhandschuh erleichtert das Herausheben der Gläser aus dem heißen Wasser nach dem Auskochen oder Einkochvorgang.

Zum Fermentieren gibt es spezielle Gärbehältnisse, meist aus Keramik. Diese sind zwar praktisch, doch herkömmliche, große Einmachgläser eignen sich dafür ebenso.
Für geringe Marmeladen- und Einkochmengen reicht ein kleiner Topf mit ca. 2,5 l Fassungsvermögen. Zum Einkochen von Obst und Gemüse im Glas benötigt man aber einen richtig großen Topf (5–10 l) mit passendem Deckel, außerdem ein Einlegegitter oder einen stabilen Siebeinsatz mit Füßen. Letztere sorgen dafür, dass die Gläser nicht direkt auf dem heißen Topfboden stehen. Notfalls kann man aber auch ein hitzefestes Geschirrtuch zusammengefaltet in den Topf legen.

Nützliche Extras
Diverse Mixgeräte – ich verwende am häufigsten Pürierstab und Blitzhacker – gehören für Fans von Würzsaucen wie Ketchup und Pesto oder Nussbutter zur Grundausstattung. Für Konfitüren können Früchte statt mit dem Pürierstab auch während des Kochens mit einem Kartoffelstampfer angedrückt werden, um eine musige Konsistenz zu erhalten. Ein Mörser leistet beim Zerkleinern von Gewürzen gute Dienste. Wenn er nicht zu klein ist, kann auch Pesto darin per Hand zubereitet werden.

Ein Trichter mit kleiner Öffnung wird für das Befüllen von Flaschen benötigt – z. B. beim Abfüllen von Sirup, Likör und Würzsauce. Mit einer Schaumkelle lässt sich Marmelade leichter abschäumen als mit einem Löffel. Aber wenn Sie keine Schaumkelle haben, tut es natürlich auch ein großer Löffel. Hitzebeständige Teigschaber aus Silikon sind zum Rühren von Lemon Curd, Kaya und Co. nützlich – damit brennt bestimmt nichts am Topfboden an. Ein Maßband in der Küche ist generell eine gute Idee, beispielsweise zum Messen von Topfgrößen und Backformen, zum Nachmessen ausgerollter Teige oder von Obst- und Gemüsestücken.

Zum regelmäßigen Einkochen größerer Mengen sind spezielle Einkochautomaten praktisch. Sie haben meist ein Fassungsvermögen von rund 30 l, einen Einlegeboden und ein eingebautes Thermometer, das Temperatur und Einkochzeit anzeigt.

Dörrgeräte ermöglichen das oft länger dauernde Trocknen von Obst, Gemüse und Kräutern bei niedriger Temperatur mittels Umluft ohne Verwendung des energieintensiven Backofens.

Ein Trichter leistet für das Abfüllen von Sirup, Likör und Co. in Flaschen gute Dienste.

Einkochzubehör: Ein großer Edelstahltopf mit Deckel, ein Siebeinsatz oder Einlegegitter, Kerntemperaturthermometer mit Sonde und Glasheber.

GRUNDWISSEN HYGIENE
KEIMARM ARBEITEN

Das A und O beim Einkochen ist Hygiene. Damit das Einmachgut nicht schimmelt oder anders verdirbt, müssen Gläser und Kochgeräte sauber und möglichst keimarm sein. Umgangssprachlich spricht man vom Sterilisieren der Gläser. Da Sterilisieren ein Verfahren bezeichnet, das Gegenstände vollständig von lebenden Mikroorganismen befreit, ist der Ausdruck in diesem Zusammenhang nicht korrekt. Mit haushaltsüblichen Mitteln werden nie alle Mikroorganismen entfernt.

Um die Mikroorganismen abzutöten, die für das Verderben der eingekochten Produkte verantwortlich sind, ist Hitze notwendig. Generell lässt sich sagen: Je länger und höher die Hitzeeinwirkung ist, desto weniger Verderbniserreger überdauern.

Gläser und Zubehör auskochen

Bereits saubere Gläser, Deckel, Gummiringe, Löffel, Trichter, Schöpfkellen und sonstige Küchenhelfer sollten in einem großen Topf mit kochendem Wasser für ca. 10 Minuten ausgekocht werden. Wer einen Dampfgarer hat, kann das Zubehör darin reinigen. Alternativ können Einmachgläser auch in das Spülbecken gestellt und für ca. 10 Minuten mit Wasser aus dem Wasserkocher aufgefüllt werden. Deckel, Gummiringe, Trichter und Co. aber besser in einem Topf auskochen. Die ausgekochten Gläser am besten heiß verwenden, denn so kühlt das Einmachgut nicht durch die kalten Gläser ab und der freie Kopfraum (der nicht befüllte Raum im Glas) und der Deckel werden zusätzlich erhitzt. Hilfreich gegen unerwünschte Keime ist auch, die Gläser beim Heißabfüllen relativ voll zu machen, damit sich möglichst wenig Luft oben im Glas befindet.

Auch im Backofen können Gläser für ca. 15 Minuten bei 130° (Umluft) keimarm gemacht werden. Aber feuchte Hitze ist im Hinblick auf das Abtöten von Keimen wesentlich effektiver. Metalldeckel und Gummiringe sollten ohnehin nicht im Ofen erhitzt werden, da die Gummiringe bei hoher trockener Hitze leicht porös werden. Am besten in einem Topf mit kochendem Wasser auskochen.

Wenn befüllte Gläser anschließend bei 100° im Wasserbad mindestens 10 Minuten eingekocht werden, ist ein vorhergehendes Auskochen der Gläser nicht unbedingt erforderlich.

Im Alltag reinigen viele das Kochzubehör lediglich mit heißem Wasser und Spülmittel oder im Geschirrspüler. Das kann viele Male gut gehen, jedoch handelt es sich hierbei um keine geeigneten Methoden, die verlässlich eine keimarme Umgebung gewährleisten.

Hygienisches Arbeiten

Saubere Hände, ein sauberes Arbeitsumfeld und generell ein hygienisches Arbeiten erhöhen die Erfolgsquote für Eingemachtes mit einer langen Haltbarkeit. Bevor man mit dem Einkochen loslegt, sollten die benötigten Gläser, Deckel und Einkochringe überprüft und beschädigtes Equipment aussortiert werden. Wichtig sind auch saubere Glasränder nach dem Einfüllen des Einmachguts, um ein dichtes Schließen des Deckels zu gewährleisten. Ein Marmeladentrichter leistet dabei wertvolle Dienste. Wer keinen Trichter hat, schöpft das Einmachgut mit einer Kelle in die Gläser und achtet darauf, die Ränder sauber zu halten. Flüssiges Einmachgut kann auch zum leichteren Befüllen der Gläser zuvor in einen hitzebeständigen Krug umgefüllt werden. Auch dieser sollte vorab keimarm gemacht werden. Und falls doch etwas danebengeht, die Glasränder mit einem sauberen Küchenpapier oder -tuch sorgfältig sauber wischen. Das ist zwar nicht keimfrei, aber immer noch

Frische, einwandfreie und reife Zutaten sorgen für den besten Geschmack und das meiste Aroma im Glas.

besser als ein Deckel, der nicht richtig schließt. Ist der Inhalt eines Glases beim Öffnen schimmelig, sollte das Eingemachte komplett entsorgt werden. Das Glas muss vor der Wiederverwendung ausgekocht und der Deckel erneuert werden.

Qualität der Lebensmittel
Die Qualität von selbst Eingemachtem hängt natürlich auch stark von den Zutaten ab, die verwendet werden. Frische, reife Zutaten sorgen für den besten Geschmack und das meiste Aroma. Vollreife Früchte der Saison ergeben die beste Konfitüre und Marmelade. Die Gläser sollten natürlich nur mit einwandfreiem Obst und Gemüse gefüllt werden. Schadhafte Zutaten können das Eingekochte schneller verderben lassen. Deshalb die Lebensmittel genau kontrollieren, bevor sie verarbeitet werden. Faule Stellen lieber etwas großzügiger herausschneiden. Unerwünschte Bakterien können im schlimmsten Fall gesundheitsschädlich sein.

Saubere Hände, ein sauberes Arbeitsumfeld und generell ein hygienisches Arbeiten erhöhen die Erfolgsquote für Eingemachtes mit einer langen Haltbarkeit.

Durch ein hygienisches Arbeiten und einwandfreie Zutaten wird dieses Risiko minimiert.

Beim Genuss von selbst Haltbargemachtem können die eigenen Sinne oft Aufschluss über die Qualität des Inhalts geben: Wenn etwas unangenehm oder schlecht riecht, wenn Schimmel sichtbar ist oder Eingemachtes gar verdorben schmeckt – im Zweifelsfall das Einmachgut lieber entsorgen. Unsere Sinne können Hinweise, aber natürlich nicht mit Sicherheit Aufschluss über die Qualität des Eingemachten geben (s. S. 10 Botulismus).

Aufbewahrung und Haltbarkeit
Die richtige Lagerung verlängert die Haltbarkeit. In der Regel ist für Selbstgemachtes ein kühler, dunkler Ort wie der Keller ideal. Lichteinwirkung kann die Farbe beeinträchtigen und lässt beispielsweise die intensiv rote Erdbeerkonfitüre schnell verblassen. Steht kein Keller zur Verfügung, kann man auf die kühle Garage oder auf einen Schrank im kühleren Flur ausweichen. Gläser immer mit Inhalt und Datum beschriften. Ist ein Glas einmal geöffnet, sollte dieses im Kühlschrank aufbewahrt werden. Mehrere kleine Gläser anstelle eines großen Glases zu verwenden, ist daher oft die bessere Wahl. Den Inhalt der Gläser immer nur mit sauberem Besteck entnehmen – abgeleckte Löffel und Finger haben in den Gläsern nichts verloren und können schädliche Mikroorganismen hineinbringen. Die Angaben zur Haltbarkeit bei den Rezepten gelten für ungeöffnete Gläser und sind eine grobe Richtlinie. Sie hängt von vielen Faktoren ab – allen voran von der Qualität der Zutaten, Hygiene und Aufbewahrung.

SÜSSES:
MARMELADE, KONFITÜRE UND CO.

ERDBEERKONFITÜRE

Ergibt ca. 640 ml, Haltbarkeit: ca. 1 Jahr
Zubereitung: 30 Min.

Nach diesem Grundrezept lassen sich Marmelade und Konfitüre einmachen: angefangen beim Vorbereiten der Früchte bis zum Abfüllen in Gläser. Die Rezepte auf den nachstehenden Seiten folgen dieser Vorgehensweise.

500 g Erdbeeren • 250 g Gelierzucker 2:1 • 2 EL Zitronensaft

FRÜCHTE VORBEREITEN: Die Erdbeeren waschen, den Stielansatz entfernen und die Erdbeeren je nach Größe halbieren, vierteln oder achteln (Bild 1). Nur einwandfreie Früchte verwenden. Für stückige Marmeladen und Konfitüren die Früchte etwas größer schneiden, für eine musige Konsistenz die Früchte gegen Ende der Kochzeit mit einem Kartoffelstampfer andrücken. (Feste Früchte wie Aprikosen mindestens 2 Std. vor dem Kochen mit dem Zucker vermengen, damit sie Saft ziehen.)

GLÄSER VORBEREITEN: Marmeladengläser und -deckel, Trichter mit breiter Öffnung und eine Schöpfkelle vor dem Abfüllen auskochen, damit Keime reduziert werden. Zeitlich ideal ist ein Abfüllen der heißen Marmelade in die frisch ausgekochten, noch sehr heißen Gläser. Zur Sicherheit immer mehr Gläser vorbereiten, als im Rezept angegeben ist. Für die Gelierprobe einen kleinen Teller in das Tiefkühlfach stellen.

FRÜCHTE KOCHEN UND ABSCHÄUMEN: Die zerkleinerten Erdbeeren wiegen und mit der passenden Menge (50 % des Gewichts der Erdbeeren) Gelierzucker 2:1 und dem Zitronensaft in einem Topf vermengen. Einen Topf wählen, der groß genug ist, da die Masse beim Kochen stark aufsteigen kann. Die Mischung unter häufigem Rühren zum Kochen bringen. Sobald die Konfitüre sprudelnd kocht, beginnt die Kochzeit von 4 Min. Nun ständig rühren. Während der letzten Kochminute die Konfitüre abschäumen. Dafür den Schaum mit einer Schaumkelle oder einem Löffel von der Oberfläche entfernen (Bild 2). Schaum ist zwar harmlos, kann aber die Haltbarkeit verringern.

GELIERPROBE MACHEN: Nach Ablauf der Kochzeit die Gelierprobe machen. Dazu ein paar Tropfen der Konfitüre auf einen zuvor im Tiefkühlfach eisgekühlten Teller geben (Bild 3). Wird die Konfitüre schnell fest und bilden sich beim Zusammenschieben mit dem Finger Falten, dann kann sie abgefüllt werden. Bleibt die Probe flüssig, die Konfitüre noch 1 Min. weiterkochen und wieder eine Gelierprobe machen.

IN GLÄSER FÜLLEN: Die sauberen, am besten noch heißen Gläser und Deckel bereitstellen. Bei kalten Gläsern ein Geschirrtuch unter die Gläser stellen, damit sie durch den Temperaturunterschied nicht springen. Mithilfe eines Marmeladentrichters die heiße Konfitüre randvoll einfüllen. Rasch mit dem Deckel verschließen. Setzen sich bei einer stückigen Konfitüre die Fruchtstücke oben oder unten ab, das Glas zunächst ca. 10 Min. (manchmal länger) auf den Deckel stellen, damit sich die Früchte verteilen. Die Konfitüre vollständig abkühlen lassen und mit Inhalt und Datum beschriften. Kühl gelagert halten Marmeladen und Konfitüren ungeöffnet ca. 1 Jahr, bei richtiger Hygiene oft auch länger.

1

2

3

FRAGEN & ANTWORTEN
MARMELADE & KONFITÜRE

Das Herstellen von Konfitüre und Marmelade gehört zu den einfachsten Methoden des Haltbarmachens. Für diese Erdbeerkonfitüre (s. S. 20) werden nur Früchte, Gelierzucker und etwas Zitronensaft benötigt.

WAS IST DER UNTERSCHIED ZWISCHEN GELIERZUCKER 1:1, 2:1 UND 3:1?

Gelierzucker enthält im Gegensatz zu herkömmlichem Zucker Pektine als Geliermittel und meist auch Zitronensäure. Für Marmelade und Konfitüre, die mit Gelierzucker 1:1 gekocht werden, verwendet man dieselbe Menge Früchte wie Zucker. Bei Gelierzucker 2:1 benötigt man die halbe Menge Zucker (500 g Gelierzucker 2:1 auf 1 kg Früchte) und bei 3:1 nimmt man ein Drittel des Fruchtgewichts an Zucker (500 g Gelierzucker 3:1 auf 1,5 kg Früchte). Bei den beiden letztgenannten Produkten ist meist Sorbinsäure als Konservierungsmittel zugesetzt, um den verringerten Zuckeranteil auszugleichen. Für saure Früchte eignet sich Gelierzucker 1:1, für süße reicht 2:1 oder 3:1.

WIE KANN MAN DEN ZUCKERANTEIL IN MARMELADE UND KONFITÜRE REDUZIEREN?

Wer den Zuckeranteil reduzieren möchte, verwendet Gelierzucker 2:1 oder 3:1. Marmelade bzw. Konfitüre verdirbt umso schneller, je weniger Zucker sie enthält, darum enthalten diese Produkte meist ein Konservierungsmittel. Für sehr zuckerarme und konservierungsmittelfreie Konfitüre ist es am besten, das reife Obst einzufrieren und bei Bedarf in kleinen Portionen zu entnehmen, um daraus für den sofortigen Gebrauch mit ganz wenig herkömmlichem Zucker Konfitüre zu kochen. Eine andere Möglichkeit besteht darin, Fruchtaufstriche, die nur wenig herkömmlichen Zucker enthalten, direkt nach der Abfüllung in die Gläser zusätzlich im Wasserbad einzukochen.

ERDBEER-RHABARBER-KONFITÜRE

Ergibt ca. 620 ml, Haltbarkeit: ca. 1 Jahr
Zubereitung: 30 Min.

250 g Erdbeeren • 250 g Rhabarber • 1 Bio-Zitrone • 248 g Gelierzucker 2:1

1. Die Erdbeeren waschen, den Stielansatz entfernen und die Früchte je nach Größe halbieren, vierteln oder achteln. Den Rhabarber putzen und waschen, die Blätter abschneiden und dicke oder sehr faserige Stangen schälen. Den Rhabarber in ca. 2 cm große Würfel schneiden. Die Zitrone heiß waschen, abtrocknen und die Schale abreiben.

2. Von Erdbeeren und Rhabarber je 225 g abwiegen, sodass man insgesamt 450 g Früchte erhält. Für dieses Rezept wird 10 % mehr Gelierzucker als üblich verwendet (also 225 g + 23 g), da die Konfitüre sonst relativ weich bleibt.

3. Die Früchte mit dem Gelierzucker und der Zitronenschale in einem hohen Topf unter häufigem Rühren zum Kochen bringen. Vorsicht, die Konfitüre steigt während des Kochens sehr stark auf.

4. Die Konfitüre bei großer Hitze ca. 4 Min. unter Rühren sprudelnd kochen. Gegen Ende der Kochzeit mit einer Schaumkelle oder einem Löffel abschäumen. Eine Gelierprobe machen. Dazu ein paar Tropfen Konfitüre auf einen zuvor im Tiefkühlfach eisgekühlten Teller geben. Wird sie schnell fest und bilden sich Falten beim Zusammenschieben mit dem Finger, ist sie fertig. Andernfalls noch 1 Min. kochen und die Gelierprobe wiederholen.

5. Die fertige Konfitüre kochend heiß in die vorbereiteten Gläser füllen. Die Gläser rasch verschließen und die Konfitüre abkühlen lassen.

APRIKOSENKONFITÜRE

Ergibt ca. 1,1 l, Haltbarkeit: ca. 1 Jahr
Zubereitung: 30 Min. + 2 Std. Ziehen

Aprikosenkonfitüre – in Österreich als Marillenkonfitüre bezeichnet – ist ein absoluter Klassiker, der auf keinem Frühstückstisch fehlen sollte. Am besten schmeckt die Konfitüre mit richtig reifen, fruchtigen Aprikosen, die meist im Juli erhältlich sind. Um ein besonders köstliches Resultat zu erhalten, sollte man die in Stücke geschnittenen Früchte unbedingt für einige Stunden vor dem Kochen Saft ziehen lassen.

---

1 kg Aprikosen (Marillen) • ca. 500 g Gelierzucker 2:1

---

1. Die Aprikosen waschen, halbieren und die Steine entfernen. Die Hälften dann in ca. 1 cm große Stücke schneiden.

2. Die Aprikosenstücke abwiegen und mit der passenden Menge Gelierzucker 2:1 (50 % des Fruchtgewichts) in einen Topf geben. Zugedeckt ca. 2 Std. ziehen lassen. Das macht die Aprikosenstücke weich.

3. Die Mischung im Topf erhitzen und die Konfitüre unter ständigem Rühren 4 Min. sprudelnd kochen, damit nichts anbrennt. Während der letzten Minute die Konfitüre bei Bedarf mit einer Schaumkelle oder einem Löffel abschäumen.

4. Eine Gelierprobe machen. Dazu ein paar Tropfen Konfitüre auf einen zuvor im Tiefkühlfach eisgekühlten Teller geben. Wird sie schnell fest und bilden sich Falten beim Zusammenschieben mit dem Finger, ist sie fertig. Andernfalls noch 1 Min. kochen und die Gelierprobe wiederholen.

5. Die Konfitüre heiß randvoll in die vorbereiteten Gläser füllen. Die Gläser rasch verschließen und die Konfitüre abkühlen lassen.

Tipp: Für passierte Aprikosenkonfitüre nach der 4-minütigen Kochzeit die Fruchtmasse heiß durch ein Passiersieb in eine Schüssel streichen. Die Konfitüre mithilfe eines Teigschabers zurück in den Topf geben und 1 Min. kochen. Das Passieren ist zwar eine mühsame Angelegenheit, aber mit dem seidig-weichen Ergebnis wird man mehr als belohnt. Schneller geht's natürlich mit dem Pürierstab, aber das Ergebnis ist einfach nicht vergleichbar.

KAYA – KOKOSCREME AUS MALAYSIA

Ergibt ca. 220 ml, Haltbarkeit: ca. 2 Wochen
Zubereitung: 30 Min.

Kaya ist ein Geschmackserlebnis, das man nicht so schnell vergisst. In Malaysia und Singapur ist dieser Kokosaufstrich allgegenwärtig. Besonders beliebt sind Cafés und Lokalketten, die sich auf Kaya-Toasts spezialisiert haben. Dort bekommt man die typischen Kaya-Toasts solo oder als Teil eines Frühstücks, mit einem starken, gesüßten Kaffee und einem sehr weich gekochten Ei, das man mit Sojasauce und weißem Pfeffer würzt.

4 Eigelb (M) • 200 g Kokosmilch (Dose oder Tetrapak) • 3 Pandanblätter (nach Belieben; s. Info) • 30 g heller Palmzucker (ersatzweise brauner Zucker) • 65 g Zucker • Salz

1. Die Eigelbe in eine Schüssel geben und mit einem Schneebesen verquirlen, ohne sie dabei schaumig zu schlagen. Die Kokosmilch sehr gut schütteln. Die Pandanblätter, falls verwendet, in grobe Stücke schneiden.

2. Palmzucker – falls in Blockform – fein schneiden und mit dem Zucker, den Pandanblättern, 1 Prise Salz und der Kokosmilch in eine Metallschüssel geben. Diese auf ein heißes Wasserbad setzen und die Mischung unter gelegentlichem Rühren erwärmen, bis sich der Zucker aufgelöst hat.

3. Sobald die Kokosmilch anfängt zu köcheln oder zumindest dampft, die Schüssel vom Wasserbad nehmen und die Hälfte der heißen Kokosmilchmischung langsam unter die Eigelbe rühren.

4. Die Metallschüssel mit der übrigen Kokosmilchmischung wieder auf das Wasserbad setzen und die Ei-Milch-Mischung einrühren. Die Masse langsam erhitzen und ununterbrochen, am besten mit einem Teigschaber, rühren, sodass sie nicht am Schüsselboden stocken kann.

5. Nach 10–15 Min. sollte die Masse deutlich eingedickt sein und eine cremige Konsistenz aufweisen. Die Creme wird noch etwas dickflüssiger, sobald sie abkühlt. Die Pandanblätter entfernen.

6. Sollten die Eier teilweise gestockt sein, die Creme vor dem Abfüllen durch ein Sieb streichen.

7. Kaya heiß in ein vorbereitetes Glas füllen, das Glas verschließen, die Creme abkühlen lassen. Der Aufstrich ist im Kühlschrank ca. 2 Wochen haltbar.

Tipp: Für ein authentisches Kaya-Frühstück zwei Scheiben Toastbrot toasten und jeweils dick mit Kaya bestreichen. Die bestrichenen Toasts mit kalten Butterscheiben belegen, zusammenklappen und halbieren. Dazu ein sehr weich gekochtes, gewürztes Ei servieren.

Info: Frische Pandanblätter werden vor allem in der südostasiatischen Küche verwendet. Sie haben ein vanilleartiges, nussiges Aroma und sind in unseren Breiten meist nur in den Kühlabteilungen größerer, gut sortierter Asialäden erhältlich. Auch ohne die Blätter schmeckt Kaya himmlisch.

ERDNUSSBUTTER

Ergibt ca. 270 ml, Haltbarkeit: ca. 6 Monate
Zubereitung: 20 Min.

Genial und zugleich so einfach, dass es fast keines Rezepts bedarf. Für diese cremige Erdnussbutter benötigt man lediglich Erdnüsse und einen Mixer. Im Gegensatz zu gekauften Produkten enthält sie weder Zucker noch zugesetztes Öl oder Konservierungsstoffe.

---

300 g geröstete Erdnusskerne (ungesalzen oder leicht gesalzen) • Salz (nach Belieben)

---

1. Die Erdnüsse in einen Mixer (s. Tipps) füllen und auf höchster Stufe zunächst bröselig zerkleinern. Nach und nach wird die Masse klumpig. Die Masse bei Bedarf mit einem Teigschaber gelegentlich von den Seiten des Geräts nach unten schaben. Nach Belieben 1 Prise Salz dazugeben.

2. Lässt man den Mixer weiterlaufen, entsteht eine cremige Masse mit der Konsistenz von streichfähiger Erdnussbutter, die je nach Leistungsstärke des Mixers sehr glatt ist oder noch ganz kleine Nussstücke enthält. Lässt man das Gerät weiter zerkleinern, wird die streichfähige Konsistenz zu flüssigerem Erdnussmus.

3. Um eine streichfähige Konsistenz zu erhalten, kann es je nach Mixer und Erdnussmenge nur ein paar Minuten, aber auch bis zu 20 Min. dauern. Sollte das Gerät heiß werden oder zu riechen beginnen, unbedingt zwischendurch ausschalten und abkühlen lassen. Eine kleine Pause zwischendurch erleichtert in der Folge auch das Zerkleinern, da das Öl aus den Nüssen austritt.

4. Die Erdnussbutter in ein Schraubglas füllen und verschließen. Sie hält sich bei Zimmertemperatur je nach Umgebungstemperatur 2–3 Monate, oft auch länger. Bei zu langer Lagerung kann sie einen ranzigen Geschmack annehmen. Im Kühlschrank ist sie rund 6 Monate haltbar und wird etwas fester. Sollte sich Öl an der Oberfläche absetzen, lässt sich dieses mit einem Löffel wieder unterrühren.

Tipps: Herkömmliche geröstete, gesalzene Erdnüsse ergeben eine zu salzige Erdnussbutter. Mild gesalzene oder ungesalzene Nüsse eignen sich hingegen sehr gut. Geröstete Nüsse schmecken besser als ungeröstete. Für eine leicht süßliche Note kann 1 EL Ahornsirup oder Honig zugegeben werden.

Als Mixgeräte sind Mixer mit Schneidemesser wie Blitzhacker oder ein leistungsstarker Blender zu empfehlen. Ein Pürierstab eignet sich hier nicht.

Ganz kleine Mengen Erdnussbutter lassen sich nur schwer herstellen, da die Nüsse während des Zerkleinerns oft an die Seiten des Geräts gedrückt werden und das Schneidemesser dann leerläuft. Für einen kleinen Blitzhacker mit einem Fassungsvermögen von 300 ml sind 100 g Nüsse die Mindestmenge, für größere Blender 300 g.

Varianten: Auf die gleiche Weise können Sie auch »Sunflower Butter« aus Sonnenblumenkernen, »Almond Butter« aus Mandeln oder »Cashew Butter« aus Cashewkernen zubereiten. Mit Sonnenblumenkernen dauert es etwas länger als mit Erdnüssen, bis eine streichfähige Konsistenz entsteht.

SCHOKO-NUSS-ENERGY-BALLS

Ergibt 16 Stück, Haltbarkeit: ca. 2 Wochen
Zubereitung: 15 Min.

Diese Schoko-Nuss-Bällchen sind süß und doch werden sie ohne Zucker hergestellt. Ihre Süße erhalten sie durch Datteln und ein wenig Ahornsirup, der Schokoladengeschmack kommt von ungesüßtem Kakaopulver. Mit selbst gemachter Erdnussbutter schmecken sie gleich noch besser. Energy Balls sind übrigens wahre Retter bei Schokolade-Heißhungerattacken!

40 g Haferflocken • 40 g Haselnusskerne • 6 getrocknete Datteln (entsteint) • 2 leicht gehäufte EL Erdnussbutter (s. S. 28 oder Fertigprodukt) • 1 leicht gehäufter EL ungesüßtes Kakaopulver • 1 EL Ahornsirup • Salz (nach Belieben)

1. Die Haferflocken und die Haselnüsse nacheinander in einem Mixer mit Schneidemesser (Blitzhacker) zerkleinern. Sie müssen nicht vollständig pulverisiert werden, dann erhalten die Energy Balls ein bisschen Struktur. Die zerkleinerten Zutaten in eine Schüssel geben und beiseitestellen.

2. Datteln, Erdnussbutter, Kakaopulver und Ahornsirup in den Blitzhacker geben und zu einer feinbröseligen Masse zerkleinern. Falls die Erdnussbutter ungesalzen ist, 1 Prise Salz dazugeben.

3. Haferflocken und Haselnüsse wieder dazugeben und alle Zutaten mixen, bis sich die Bestandteile zu einer dicken, klebrigen Masse verbunden haben, ein bisschen wie Plätzchenteig. Sie sollte sich leicht zu Bällchen formen lassen. Falls die Mischung zu trocken ist, 1 EL Wasser dazugeben und untermixen. Diesen Vorgang wiederholen, bis eine gut formbare Masse entsteht.

4. Den Teig aus dem Mixer nehmen und mit den Händen zu 16 Kugeln formen. Gleich genießen oder im Kühlschrank aufheben. Dort halten die Energy-Balls, luftdicht verpackt, ca. 2 Wochen.

Tipp: Für Kokos-Nuss-Bällchen einen Teil der Haferflocken oder Haselnüsse durch ungezuckerte Kokosraspel ersetzen. Für Sesam-Nuss-Bällchen die Erdnussbutter durch Tahin (Sesampaste) ersetzen.

DULCE DE LECHE

Ergibt ca. 300 ml, Haltbarkeit: ca. 6 Monate
Zubereitung: 1,5–2 Std.

Aus vielen lateinamerikanischen Ländern ist Dulce de Leche nicht wegzudenken. Die Süßigkeit heißt wörtlich übersetzt so viel wie »Süßes aus Milch«. Sie entsteht durch Einkochen von Milch und Zucker. Je nach Einkochdauer hat sie unterschiedliche Texturen: von einer karamellartigen Sauce, die man über Pancakes und Waffeln träufeln kann, über einen süßen Brotaufstrich – wie in diesem Rezept – bis hin zu Milchkaramellen bei noch längerer Kochzeit. Unwiderstehlich ist sie in jeder Form!

---

1 l Vollmilch • 200 g weißer Zucker (ersatzweise brauner Zucker) • ¼ TL Natron (s. Tipp) • Salz • ½ TL Vanilleextrakt (nach Belieben)

---

1. Milch, Zucker und Natron in einem großen Topf erhitzen, bis die Milch leicht zu köcheln beginnt.

2. Die gezuckerte Milch bei kleiner Hitze 1,5–2 Std. einköcheln lassen, bis sie cremig ist (auf ca. 300 ml). Am besten eignet sich zum Rühren ein Teigschaber, denn mit einem herkömmlichen Kochlöffel brennt die Milch leichter am Topfboden an.

3. Zu Beginn, wenn die Masse noch relativ dünnflüssig ist, genügt es, sie gelegentlich (ca. alle 10 Min.) umzurühren. Je dicker die Masse aber wird, desto häufiger muss auch gerührt werden. In der zweiten Hälfte der Kochzeit häufiger rühren und gegen Ende der Kochzeit, wenn sich die Masse leicht bräunlich färbt und immer dicker wird, muss sie ununterbrochen gerührt werden. Das kann durchaus ca. 15 Min. dauern.

4. Zum Schluss 1 Prise Salz und, falls verwendet, den Vanilleextrakt zur Creme geben und unterrühren. Die fertige Dulce de Leche vom Herd nehmen und in ein Glas füllen. Das Glas verschließen.

Tipps: Die Creme dickt beim Abkühlen und bei der Lagerung im Kühlschrank noch weiter ein. Relativ dick eingekocht, wie in diesem Rezept, hält sie mindestens 1 Monat bei Zimmertemperatur und ca. 6 Monate im Kühlschrank.

Natron soll ein Ausflocken der Milch verhindern und verleiht der Creme einen dunkleren Farbton.

BLUTORANGENMARMELADE MIT APEROL

Ergibt 650 ml, Haltbarkeit: ca. 1 Jahr
Zubereitung: 35 Min.

Ein fröhlicher Farbtupfer in Gestalt dieser Blutorangenmarmelade vermag während der häufig eher tristen Farben des Winters durchaus die Stimmung zu heben – und zwar nicht ausschließlich aufgrund des darin enthaltenen Aperols. Der italienische Likör verstärkt mit seiner fruchtig-bitteren Note die Aromenvielfalt der Marmelade.

11 Blutorangen • 330 g Gelierzucker 2:1 • 60 ml Aperol

1. Etwa 8 Blutorangen auspressen und 425 ml Saft abmessen. Die übrigen Orangen (3) schälen und filetieren, 115 g abwiegen (übrige Filets naschen). Die Orangenfilets in kleine Stücke schneiden.

2. Die Fruchtfilets und den ausgepressten Saft in einen Topf geben und die entsprechende Menge Gelierzucker dazugeben (s. Tipp).

3. Die Mischung erhitzen und ca. 5 Min. unter Rühren sprudelnd kochen. Falls die Marmelade schäumt, während der letzten Minute mit einer Schaumkelle oder einem Löffel abschäumen.

4. Etwa ½ Min. vor Ende der Kochzeit die Hitze etwas reduzieren und den Aperol einrühren.

5. Eine Gelierprobe machen. Dazu ein paar Tropfen Marmelade auf einen zuvor im Tiefkühlfach eisgekühlten Teller geben. Wird sie schnell fest und bilden sich Falten beim Zusammenschieben mit dem Finger, ist sie fertig. Andernfalls noch 1 Min. kochen und die Gelierprobe wiederholen.

6. Die Marmelade heiß randvoll in die vorbereiteten Gläser füllen. Die Gläser rasch verschließen und die Marmelade abkühlen lassen.

7. Falls die Fruchtstücke im Glas nach oben steigen, die Gläser für 20–30 Min. auf den Deckel stellen, dann wieder umdrehen. Den Vorgang bei Bedarf wiederholen, um die Fruchtstücke gleichmäßig im Glas zu verteilen.

Tipp: Die Menge des Gelierzuckers wird für die gesamte Einkochmenge (Saft + Fruchtfilets + Aperol) berechnet. Das sind insgesamt 600 g. Für diese Marmelade verwende ich aber noch 10 % mehr Gelierzucker als üblich ist, also 300 g + 30 g, da die Marmelade wegen der großen Saftmenge sonst nicht fest wird.

APPLE BUTTER

Ergibt 500 ml, Haltbarkeit: ca. 3 Wochen
Zubereitung: 30 Min. + 2,5–3 Std. Kochen

2 kg Äpfel (z. B. Braeburn, Boskop, Kronprinz Rudolf) • 4 Nelken • 1 kleine Zimtstange • Salz

1. Die Äpfel waschen, schälen, vierteln oder achteln und das Kerngehäuse entfernen. Die Apfelspalten mit 100 ml Wasser, den Nelken und der Zimtstange in einen sehr großen Topf geben oder auf zwei Töpfe verteilen. Alles erhitzen und unter häufigem Rühren bei mittlerer Hitze ca. 1 Std. offen köcheln lassen, bis die Apfelspalten weich sind und die Flüssigkeit stark reduziert ist.

2. Die Äpfel etwas auskühlen lassen, Nelken und Zimtstange entfernen und die Apfelmasse mit einem Pürierstab glatt pürieren.

3. Das Apfelmus zurück in den Topf geben, 1 Prise Salz dazugeben und das Mus offen bei kleiner Hitze unter häufigem Rühren 1,5–2 Std. köcheln lassen. Je dicker die Masse wird, desto öfter muss gerührt werden. Das Apfelmus soll sehr dick auf ca. 500 ml eingekocht werden.

4. Die Apple Butter heiß in vorbereitete Gläser füllen und diese rasch verschließen. Im Kühlschrank lagern, da sie keinen Zucker enthält.

Tipp: Für eine längere Haltbarkeit (ca. 1 Jahr) die Gläser nicht bis ganz zum Rand füllen, verschließen und in einen großen Topf mit Siebeinsatz oder Einlegeboden stellen. So viel heißes Wasser angießen, bis die Gläser zu drei Vierteln im Wasser stehen. Zugedeckt langsam zum Kochen bringen und bei 100° ca. 10 Min. einkochen.

PUMPKIN BUTTER

Ergibt 700 ml, Haltbarkeit: ca. 3 Wochen
Zubereitung: 40 Min. + 40 Min. Backen

1 kg Kürbis (z. B. Butternuss oder Hokkaido) • 250 ml Apfelsaft • ¾ TL gemahlener Zimt • ½ TL gemahlener Ingwer • 1 Prise frisch geriebene Muskatnuss • ¼ TL gemahlene Nelke • 50 g weißer Zucker • 25 g brauner Zucker (ersatzweise weißer Zucker) • Salz • 1 EL Zitronensaft

1. Den Kürbis halbieren und mit einem Löffel die Kerne und Fasern entfernen, anschließend die Kürbishälften mit einem Sparschäler schälen. Den Backofen auf 200° (Umluft) vorheizen.

2. Den Kürbis in 3–4 cm große Würfel schneiden und auf einem mit Backpapier ausgelegten Backblech verteilen. Bei Bedarf zwei Bleche verwenden. Im heißen Ofen 30–40 Min. backen, bis die Kürbisstücke weich sind, gelegentlich die Ofentür kurz öffnen, um den Dampf entweichen zu lassen.

3. Inzwischen den Apfelsaft in einem Topf offen bei mittlerer bis großer Hitze 10–15 Min. köcheln lassen, bis er stark eingekocht ist.

4. Das Kürbisfruchtfleisch aus dem Ofen nehmen und zum eingekochten Apfelsaft geben. Alles mit einem Pürierstab zu einer glatten Masse pürieren.

5. Gewürze, beide Sorten Zucker, ca. ½ TL Salz und Zitronensaft unterrühren. Alles unter häufigem Rühren ca. 10 Min. einkochen lassen. Heiß in vorbereitete Gläser füllen, verschließen, abkühlen lassen und im Kühlschrank lagern. Die Pumpkin Butter schmeckt als Brotaufstrich und im Porridge.

Tipp: Pumpkin Butter besser nicht im Glas einkochen, aber sie lässt sich gut einfrieren. Für eine lange Haltbarkeit (ca. 1 Jahr) die Gläser nicht randvoll füllen, verschließen und ins Tiefkühlfach stellen.

ENGLISCHE ORANGENMARMELADE

Ergibt 420 ml, Haltbarkeit: ca. 1 Jahr
Zubereitung: 40 Min.

Orangenmarmelade mit Schalenstücken schmeckt leicht bitter und passt perfekt auf gebutterten Toast, ganz wie in England. Dieses Rezept ist eine vereinfachte Variante des beliebten englischen Originals.

8 Bio-Orangen • 200 g Gelierzucker 2:1

1. Die Orangen gründlich mit heißem Wasser waschen und trocken reiben. Die Schale von 3–4 Orangen mit einem scharfen Messer oder Sparschäler fein abschälen. Wenn vom weißen Teil der Schale ein bisschen dranbleibt, macht das nichts. Es werden ca. 50 g Orangenschalen benötigt. Die Schalen in 1–2 mm dünne und 2–3 cm lange Streifen schneiden.

2. Die Orangenschalenstreifen mit ca. 350 ml Wasser in einem kleinen Topf erhitzen und zugedeckt bei kleiner Hitze ca. 25 Min. kochen lassen, bis sie weich sind. Gegen Ende der Kochzeit kontrollieren, ob noch Wasser im Topf ist.

3. Während die Schalen kochen, die geschälten Orangen halbieren, auspressen und den Saft sieben. Es werden 350 ml benötigt.

4. Die gekochten Orangenschalen durch ein Sieb in eine Schüssel abseihen. Das Wasser wird nicht mehr benötigt, kann aber im Fall, dass die Orangen beim Auspressen zu wenig Saft haben, dazugegeben werden.

5. Orangensaft und die Schalen gemeinsam abwiegen (es sollten 400 g sein) und in einem Topf mit dem Gelierzucker vermengen. Die Marmelade erhitzen und unter Rühren 3–4 Min. sprudelnd kochen.

6. Eine Gelierprobe machen. Dazu ein paar Tropfen Konfitüre auf einen zuvor im Tiefkühlfach eisgekühlten Teller geben. Wird sie schnell fest und bilden sich Falten beim Zusammenschieben mit dem Finger, ist sie fertig. Andernfalls noch 1 Min. kochen und die Gelierprobe wiederholen.

7. Die Marmelade kochend heiß in zwei vorbereitete Gläser füllen. Die Gläser rasch verschließen und die Marmelade abkühlen lassen. Falls die Schalen im Glas nicht gleichmäßig verteilt sind, die Gläser 10–15 Min. auf den Deckel stellen, dann wieder umdrehen. Bei Bedarf wiederholen.

LÖWENZAHNHONIG

Ergibt ca. 180 ml, Haltbarkeit: ca. 1 Jahr
Zubereitung: 40 Min. + 3 Tage Ziehen

Löwenzahnhonig ist zwar kein richtiger Honig, vom Aussehen und von der Konsistenz ist er echtem aber zum Verwechseln ähnlich. Er kann wie dieser sowohl zum Süßen als auch als Brotaufstrich verwendet werden – und kürzer eingekocht auch als Sirup.

---

300 ml Löwenzahn-Blütenblätter (ohne Grün; s. Tipp) • 200 g Zucker

---

1. Die Löwenzahnblüten von allem Grün befreien. Es werden nur die gelben Blütenblätter verwendet. Die Blätter füllen sehr lose eine Tasse oder ein Glas mit 300 ml Fassungsvermögen.

2. Den Zucker mit 200 ml Wasser in einen Topf geben, erhitzen und unter Rühren auflösen. Die Mischung muss nicht kochen.

3. Die Löwenzahnblüten in ein Schraubglas mit mindestens 400 ml Inhalt geben und den Sirup darübergießen, sodass die Blüten bedeckt sind. Das Glas zudecken und die Mischung abkühlen lassen.

4. Das Glas in den Kühlschrank stellen und die Blütenblätter 3 Tage zugedeckt im Sirup ziehen lassen, während dieser Zeit ein- oder zweimal umrühren. Danach hat der Sirup eine gelbliche Farbe.

5. Nach 3 Tagen den Sirup durch ein feines Sieb gießen und die Blütenblätter im Sieb gut mit einem Löffel ausdrücken. Für einen ganz klaren Sirup das Ganze zusätzlich durch ein 4-lagiges Mulltuch filtern. Man erhält ca. 300 ml Sirup.

6. Den Sirup in einem kleinen Topf erhitzen und bei mittlerer Hitze in 10–15 Min. auf rund die Hälfte einkochen. Dabei wird die Farbe deutlich dunkler. Auf 150 ml eingekocht, erhält man ein zähflüssiges Ergebnis mit einer Konsistenz von Honig – ideal als Brotaufstrich. Kocht man ihn kürzer ein, bleibt der Löwenzahnhonig etwas flüssiger und kann auch als Sirup zum Beträufeln von Waffeln, Pancakes oder Eis verwendet werden.

7. Der Löwenzahnhonig hält sich in einem verschließbaren Glas ca. 6 Monate bei Zimmertemperatur. Im Kühlschrank gelagert hält er ca. 1 Jahr, wird aber in kaltem Zustand fester.

Tipp: Löwenzahn zeigt sich von April bis Juni in seiner gelben Blüte. Naturbelassene Wiesen eignen sich zum Sammeln der Blüten am besten. Es werden nur die gelben Zungenblüten für den Sirup verwendet, alles Grün, wie der tellerförmige Blütenboden, wird entfernt. 300 ml Blütenblätter, die für dieses Rezept benötigt werden, entsprechen einer mit Blüten gefüllten großen Tasse.

Aus den Blüten des Löwenzahns lässt sich ganz einfach eine Honig-Alternative zaubern. Er schmeckt als Brotaufstrich oder über Desserts geträufelt.

QUICK JAM

Ergibt 160 ml, Haltbarkeit: ca. 2 Wochen
Zubereitung: ca. 15 Min.

Quick Jams – also »schnelle Marmeladen« – schmecken noch fruchtiger als herkömmliche Produkte, da sie einen hohen Frucht- und geringen Zuckeranteil aufweisen. Fast alle Früchte eignen sich dafür. Quick Jams sind unkompliziert und fix gemacht. Einziger Nachteil: Sie halten nur eine begrenzte Zeit im Kühlschrank, da ihnen mit dem Zucker das konservierende Element fehlt. Quick Jams lassen sich auch aus kleinen Fruchtmengen herstellen. Je nach Reife und Süße der Früchte den Zuckeranteil anpassen.

250 g Himbeeren • 1 Bio-Zitrone • 3 EL Zucker

1. Die Himbeeren verlesen, waschen und abtropfen lassen. Die Zitrone heiß waschen, abtrocknen und die Schale von einer Hälfte abreiben. Anschließend 2 TL Saft auspressen. Himbeeren, Zitronenschale, Zitronensaft und den Zucker in einen kleinen Topf geben und zum Kochen bringen.

2. Die Himbeeren bei mittlerer bis großer Hitze offen 8–10 Min. einkochen lassen, bis die Masse deutlich reduziert ist und die Himbeeren zerkocht sind. Die Masse dickt während des Abkühlens noch weiter ein.

3. Wenn die Konfitüre sofort gegessen wird, muss der Schaum nicht entfernt werden. Ansonsten in der letzten Minute den Schaum mit einem großen Löffel oder einer Schaumkelle abnehmen. Die Mischung heiß in ein sauberes Glas füllen, das Glas verschließen und die Konfitüre abkühlen lassen. Im Kühlschrank hält sie ca. 2 Wochen. Angebrochene Gläser alsbald aufbrauchen.

Tipp: Die Konfitüre wird für eine längere Haltbarkeit auch gerne eingefroren. Sie wird in den USA daher auch oft als »Freezer Jam« bezeichnet. Für das Einfrieren die Gläser nicht bis zum Rand befüllen, da sich die Masse beim Einfrieren ausdehnt.

Variante: Für eine Quick Jam aus Erdbeeren 250 g Erdbeeren waschen, entkelchen, grob zerkleinern und wie im Rezept beschrieben fortfahren. Erdbeeren benötigen meist 2 Min. länger zum Einkochen als Himbeeren und oft bleiben in der fertigen Konfitüre kleine Stücke erhalten.

PINEAPPLE JAM

Ergibt 700 ml, Haltbarkeit: ca. 1 Jahr
Zubereitung: 45 Min.

Diese Ananaskonfitüre habe ich auf Fidschi kennengelernt. Mit ihrem fruchtig-süßen und exotischen Aroma erinnert sie an Traumstrände mit weißem Sand, Kokospalmen und kristallblauem Wasser.

1 Ananas (ca. 1,1 kg) • 300 g Gelierzucker 2:1 • 1 Stück Ingwer (ca. 2 cm)

1. Den Stiel- und den Blütenansatz der Ananas abschneiden. Die Ananas auf eine der Schnittflächen stellen und die Schale von oben nach unten mit einem Messer dünn abschneiden. Die dunklen Augen im Fruchtfleisch sind spiralförmig angeordnet und lassen sich mit leicht schrägen Schnitten gut entfernen. Dabei kann man ruhig tiefer ins Fruchtfleisch schneiden und den verwertbaren Teil dann auf dem Brett abschneiden. Das dauert zwar etwas, die Mühe lohnt sich aber.

2. Die Ananas längs halbieren und auf der groben Seite einer Vierkantreibe in eine große Schüssel reiben. Dabei den austretenden Saft in die Schüssel laufen lassen. Den Strunk auch reiben.

3. Die Ananas samt Saft abwiegen (es sollten 600 g sein) und mit dem Gelierzucker in einen Topf geben (s. Tipps). Den Ingwer schälen und reiben. Es sollte ca. 1 TL geriebener Ingwer sein. Zur Ananas geben und unterrühren.

4. Die Mischung erhitzen und unter Rühren 4 Min. sprudelnd kochen. Eine Gelierprobe machen. Dazu ein paar Tropfen Konfitüre auf einen zuvor im Tiefkühlfach eisgekühlten Teller geben. Wird sie schnell fest und bilden sich Falten beim Zusammenschieben mit dem Finger, ist sie fertig. Andernfalls die Konfitüre noch 1 Min. weiterkochen und die Gelierprobe wiederholen.

5. Die fertige Konfitüre kochend heiß in zwei bis drei vorbereitete Gläser füllen. Die Gläser rasch verschließen und die Konfitüre abkühlen lassen.

Tipps: Wenn Sie die Konfitüre lieber stückig mögen, können Sie die Ananas fein würfeln, anstatt sie zu reiben. Das Fruchtfleisch in ca. 1 cm große Würfel schneiden, den Strunk sehr fein hacken.

Es ist kein Problem, wenn Sie nicht exakt 600 g Fruchtfleisch zur Verfügung haben. Die Gelierzuckermenge einfach anpassen, sie beträgt immer die Hälfte des Fruchtgewichts.

LEMON CURD

Ergibt 280 ml, Haltbarkeit: ca. 2 Wochen
Zubereitung: 40 Min.

1 Ei (M) • 1 Eigelb (M) • 60 g Butter • 4 Zitronen (1 davon bio) • 190 g Zucker

1. Das Ei und das Eigelb in eine Metallschüssel geben. Die Eier mit den Rührbesen des Handrührgeräts hell aufschlagen. Die Butter klein würfeln und kalt stellen.

2. Die Bio-Zitrone heiß waschen, abtrocknen und die Schale abreiben. Alle Zitronen auspressen, den Saft sieben und 120 ml abmessen.

3. Zucker, Zitronensaft und -schale zu den Eiern geben und kurz verquirlen. Die Metallschüssel auf ein heißes Wasserbad setzen.

4. Sobald die Masse heiß ist, ununterbrochen mit einem Teigschaber rühren. Die Creme nicht zu heiß werden lassen. Die Mischung in 20–30 Min. auf ca. 230 ml cremig einkochen. Die Creme wird während des Abkühlens noch fester. Falls Ei gestockt sein sollte, die Creme durch ein Sieb streichen.

5. Die Schüssel vom Wasserbad nehmen und die kalte Butter mit dem Teigschaber unterrühren, bis sie geschmolzen ist. Den Lemon Curd in ein oder zwei vorbereitete Gläser füllen, diese verschließen und im Kühlschrank lagern.

Tipp: Lemon Curd besteht zwar nur aus einer Handvoll Zutaten, trotzdem benötigt es etwas Geschick, einen Zitronenaufstrich mit der richtigen Balance aus fruchtig, sauer und süß herzustellen. Diese Zitronencreme ist nicht nur der perfekte Brotaufstrich, sondern kann auch als Kuchen-, Keks- und Tortenfüllung verwendet werden.

ORANGE CURD

Ergibt ca. 250 ml, Haltbarkeit: ca. 2 Wochen
Zubereitung: 40 Min.

3 Orangen • 1 Zitrone • 60 g Butter • 120 g Zucker • Salz • 1 Ei (M) • 1 Eigelb (M)

1. Die Orangen und die Zitrone getrennt voneinander auspressen und den Saft jeweils sieben. 200 ml Orangensaft und 35 ml Zitronensaft abmessen und in einen kleinen Topf geben. Den Saft erhitzen und bei mittlerer bis großer Hitze in 8–10 Min. auf 100 ml einkochen. Zum Prüfen der Menge zwischendurch in einen Messbecher gießen. Inzwischen die Butter würfeln.

2. Die Hitze reduzieren und zuerst den Zucker, dann die Butter in den heißen Saft einrühren. 1 Prise Salz unterrühren. Das Ei und das Eigelb in einer Schüssel verquirlen und mit einem Schneebesen in die warme Mischung rühren.

3. Die Mischung unter ständigem Rühren wieder erhitzen, aber nicht zum Kochen bringen, sonst stocken die Eier. Etwa 10 Min. köcheln, bis das Ganze etwas dickflüssiger wird.

4. Die Mischung durch ein Passiersieb in eine Schüssel (am besten mit Ausguss) streichen. Anschließend in ein vorbereitetes Glas füllen, verschließen und auskühlen lassen. Den Orange Curd im Kühlschrank lagern.

Tipp: Wenn Orangen im Winter Saison haben, lassen sich die Zitrusfrüchte in diesen köstlichen Brotaufstrich verwandeln. Die süßsäuerliche Orangencreme macht sich aber auch gut auf Pancakes oder Waffeln und als Zutat in selbst gemachter Eiscreme oder Frischkäse-Tortencreme. Ganz fein ist sie auch als Füllung für Pfannkuchen.

HOLLERRÖSTER

Ergibt ca. 400 ml, Haltbarkeit: ca. 1 Jahr
Zubereitung: 45 Min.

---

250 g reife Holunderbeeren (schwarzer Holunder) • 40 g Zucker • 2 Nelken • 1 kleine Zimtstange • 1 kleiner Apfel • 3 Zwetschgen • 1 EL (10 g) Vanillepuddingpulver

---

1. Die Holunderbeeren waschen und am besten mit einer Gabel von den Stielen zupfen, da sie stark abfärben. Es werden 250 g benötigt. Die Holunderbeeren mit 125 ml Wasser, Zucker, Nelken und Zimtstange in einen Topf geben, zum Kochen bringen und ca. 20 Min. köcheln lassen.

2. Inzwischen den Apfel schälen und halbieren, das Kerngehäuse entfernen und die Hälften in Spalten schneiden. Die Zwetschgen waschen, halbieren oder vierteln und die Steine entfernen. Apfelspalten und Zwetschgen in den Topf geben und weitere 10 Min. mitköcheln lassen.

3. Zimtstange und Nelken entfernen und den Röster bis 2 cm unter den Rand in Einmachgläser füllen. Bei 90–100° ca. 15 Min. einkochen. Abkühlen lassen und kühl lagern. Er hält ca. 1 Jahr.

4. Vor dem Verzehr des eingekochten Rösters: Den Röster in einem Topf erhitzen, das Puddingpulver mit 3 EL Wasser glatt rühren und langsam einrühren. Köcheln lassen, bis der Röster etwas eindickt. Die Konsistenz sollte cremig sein, bei Bedarf noch ein paar EL Wasser unterrühren. Den Röster probieren und eventuell nachsüßen.

Tipp: Wird der Röster gleich gegessen, das angerührte Puddingpulver unterrühren, sobald die Äpfel und Zwetschgen weich gekocht sind.

ZWETSCHGENRÖSTER

Ergibt 1 l, Haltbarkeit: ca. 1 Jahr
Zubereitung: 20 Min. + 2 Std. Ziehen

1 kg Zwetschgen • 100 g Zucker • 1 Zimtstange (ersatzweise 1 Prise Zimtpulver)

1. Die Zwetschgen waschen, halbieren und die Steine entfernen. Die Hälften nochmals der Länge nach durchschneiden. Die Zwetschgenviertel in einem großen Topf oder einer Pfanne mit dem Zucker vermengen und die Zimtstange dazugeben. Die Mischung zugedeckt ca. 2 Std. Saft ziehen lassen (s. Tipp).

2. Die Zwetschgen anschließend bei kleiner Hitze 5–10 Min. unter häufigem Rühren köcheln lassen, bis sie weich sind. Sie sollen aber nicht vollständig zerkocht sein. Der Fruchtsaft sollte nach dieser Zeit leicht eingedickt sein.

3. Für eine lange Haltbarkeit den Röster bis 2 cm unter den Rand in saubere Einmachgläser füllen und bei 90–100° ca. 15 Min. einkochen. Abkühlen lassen und kühl lagern. Er hält ca. 1 Jahr.

Tipp: Wenn mal keine Zeit zum Saftziehen ist, kann man die Zwetschgen in einem Topf mit 2 EL Wasser langsam aufkochen. Die Saftziehmethode führt jedoch zu einer besseren Konsistenz der Früchte.

Info: Wird der Röster nicht eingekocht, sollte er kühl gelagert und bald gegessen werden.

Variante: Für einen feinen Aprikosenröster 1 kg Aprikosen, 2 TL Vanilleextrakt und 100 g Zucker wie im Rezept beschrieben zubereiten. Den Zuckeranteil bei sehr süßen Früchten reduzieren.

KAISERSCHMARRN MIT ZWETSCHGENRÖSTER

Für 2 Personen
Zubereitung: 30 Min.

Kaiserschmarrn ist wohl die bekannteste Mehlspeise in Österreich. Bäckt man ihn im Backofen statt auf dem Herd, wird er besonders luftig. Ein weiterer Vorteil dieser Methode ist die leichtere Handhabung: Auf der Herdplatte gebacken, färbt sich der Teig am Pfannenboden oft schon dunkel, während die Oberfläche noch flüssig ist – und ist damit dementsprechend schwer zu wenden. Für dieses Rezept benötigt man lediglich eine ofenfeste Pfanne und eine Handvoll Zutaten.

Für den Kaiserschmarrn: *4 Eier (M) • Salz • 2 EL Zucker • 200 ml Milch • 1 TL Vanillezucker • 120 g Weizenmehl (Type 405) • 1 EL Butter • 3 EL Rosinen (nach Belieben)* **Zum Servieren:** *3 EL Puderzucker • 500 ml Zwetschgenröster (s. S. 49)*

1. Den Backofen auf 200° (Ober-/Unterhitze) vorheizen.

2. Für den Kaiserschmarrn die Eier trennen und die Eiweiße mit 1 Prise Salz und 1 EL Zucker mit den Rührbesen des Handrührgeräts zu nicht allzu festem Schnee schlagen. Beiseitestellen.

3. Die Eigelbe in einer großen Schüssel mit 100 ml Milch, dem restlichen Zucker (1 EL) und dem Vanillezucker mit einem Schneebesen verquirlen. Das Mehl unterrühren, dann die übrige Milch (100 ml) einrühren, das verhindert Klümpchen.

4. Rund ein Drittel des Eischnees mit dem Schneebesen unter die Masse rühren. Den übrigen Eischnee mit einem Teigschaber unterheben, damit die Masse noch lockerer wird.

5. Die Butter in einer ofenfesten Pfanne (20–22 cm Ø) auf dem Herd bei mittlerer Hitze zerlassen und durch Schwenken der Pfanne verteilen. Den Teig in die Pfanne gießen, glatt streichen und ca. 1 Min. anbacken. Nach Belieben die Rosinen gleichmäßig auf dem Teig verteilen.

6. Die Pfanne in den Ofen (Mitte) schieben. Den Teig 10–12 Min. backen, bis er deutlich aufgegangen und die Oberseite leicht golden ist. Gegen Ende der Backzeit die Pfanne aus dem Ofen nehmen (unbedingt Ofenhandschuhe anziehen, die Pfanne ist sehr heiß!) und prüfen, ob Unter- und Oberseite des Kaiserschmarrns unregelmäßig gebräunt sind. Falls ja, den Schmarrn auf dem Herd fertig backen. Ansonsten den Schmarrn ein paar Minuten im Backofen fertig backen.

7. Den Kaiserschmarrn aus dem Ofen nehmen und in kleine Stücke teilen. Mit Puderzucker bestreuen und mit dem Zwetschgenröster servieren.

Tipp: Der Kaiserschmarrn ist eine sättigende Hauptspeise für 2 Personen, als Nachtisch macht er 4 Naschkatzen glücklich.

AUS DEM GEMÜSE BEET

FERMENTIERTER ROTKOHL

Ergibt ca. 1,2 kg, Haltbarkeit: ca. 6 Monate
Zubereitung: 45 Min. + 2–3 Wochen Fermentieren

Das Fermentieren macht sich die natürlich vorkommenden Milchsäurebakterien auf Obst und Gemüse zunutze. Sie bilden in einem passenden Umfeld Milchsäure und schaffen damit ein saures Milieu, das Eingelegtes haltbar macht. Gemüse wird entweder zerkleinert und mit Salz vermengt oder im Ganzen in eine Salzlake eingelegt. Wichtig ist, das Einmachgut immer mit Flüssigkeit bedeckt zu halten.

1 Kopf Rotkohl (1,5 kg) • 20 g Salz (1,5 % vom Gewicht des gesamten zerkleinerten Gemüses) • 2 kleine Möhren • 1 Frühlingszwiebel • 1 Chilischote (Sorte nach Belieben) • ½ TL Korianderkörner • 2 %ige Salzlösung aus 100 ml Wasser und 2 g Salz (bei Bedarf)

GEMÜSE VORBEREITEN UND SALZEN: Vom Rotkohl die äußeren Blätter entfernen, 1 großes Blatt waschen und beiseitelegen. Den Kohl vierteln, den Strunk herausschneiden und die Viertel mit einem scharfen Messer in feine Streifen schneiden (Bild 1).

Den Kohl in eine große Schüssel geben und das Salz gleichmäßig darüberstreuen. Kurz mischen und ca. 10 Min. ziehen lassen. Dann mit den Händen (Handschuhe tragen, da Rotkohl abfärbt) kräftig kneten, damit viel Wasser austritt.

Inzwischen Möhren putzen, waschen und in Streifen schneiden oder raspeln. Frühlingszwiebel putzen und in feine Ringe schneiden, Chilischote waschen, putzen und ebenfalls in Ringe schneiden. Korianderkörner im Mörser grob zerstoßen. Den Kohl mit Möhren, Frühlingszwiebel, Chili und Koriander vermengen (Bild 2). Probieren und nach Bedarf nachsalzen.

GEMÜSE INS GLAS GEBEN UND MIT LAKE BEDECKEN: Alles in ein sauberes Bügel- oder Einmachglas (1,5–2 l) füllen und dicht pressen, um Lufteinschlüsse zu entfernen. Der Kohl muss mit Lake bedeckt sein. Bei Bedarf etwas Salzlösung dazugeben. Das Glas nicht randvoll füllen.

Den Kohl mit dem beiseitegelegten Blatt bedecken und beschweren (Bild 3). Lose Gemüsestücke an der Oberfläche entfernen. Das Glas verschließen und auf einen Teller stellen.

GEMÜSE FERMENTIEREN LASSEN: Den Kohl bei Zimmertemperatur 3–7 Tage stehen lassen. Je wärmer die Umgebung, desto schneller setzt der Säuerungsprozess ein, den man am Aufsteigen von Bläschen und an Schaumbildung an der Oberfläche erkennt. Das Glas in dieser Phase möglichst geschlossen halten, um Schimmel und Kahmhefe zu vermeiden. Bei Bedarf einen Spalt öffnen, um Druck abzulassen.

Danach 1–2 Wochen an einen kühlen Ort stellen. Bei Bedarf Salzlake nachfüllen, um das Gemüse zu bedecken. Zwischendurch probieren. Sobald der Kohl angenehm sauer schmeckt, im Kühlschrank lagern. Dort wird die Fermentation verlangsamt.

Tipp: Für klassisches »Blaukraut« 1,5 kg Rotkohl (ungeputzt), 17 g Salz (ca. 1 EL), 1 TL Kümmel, 5 Wacholderbeeren und ½ TL Korianderkörner wie im Rezept beschrieben zubereiten.

1

2

3

FRAGEN & ANTWORTEN
FERMENTIEREN

WELCHE SALZMENGE IST ÜBLICH?

Wird Gemüse im Ganzen fermentiert (z. B. Gurken), benötigt man eine stärkere Salzlake als bei zerkleinertem Gemüse, wie etwa Sauerkraut, das im eigenen Saft vergärt. Denn bei ganzem Gemüse gibt man Wasser dazu und diese Menge muss ausgeglichen werden. Für ganzes Gemüse ist eine 3,5- bis 4-%ige Salzlake (35–40 g Salz auf 1 l Wasser) ein guter Richtwert. Für zerkleinertes Gemüse ist eine 1- bis 2-%ige Salzlösung (10–20 g Salz auf 1 kg geputztes Gemüse) ausreichend, je nach Geschmack. Für Kimchi eignet sich eine 5 %ige Salzlake.

IM GLAS WÄCHST ETWAS. WAS TUN?

Am häufigsten entwickeln sich Schaum, Kahmhefe oder Schimmel. Schaum ist harmlos. Er entsteht, sobald die Milchsäuregärung in Gang kommt. In der Regel verschwindet er von selbst wieder. Sollte sich während des Fermentierens eine hauchdünne weiße Schicht an der Oberfläche bilden, handelt es sich meist um Kahmhefe. Auch sie ist harmlos, kann aber beim Fermentieren über einen längeren Zeitraum den Geschmack beeinflussen. Nachdem sie beim Abschöpfen aber oft zerfällt und nachwächst, ist es besser, sie dort zu belassen. Bildet sich hingegen Schimmel, meist von blaugrauer oder brauner Farbe, sollte das Produkt komplett entsorgt werden, denn er kann sich bereits im ganzen Glas verbreitet haben.

WELCHE GLÄSER EIGNEN SICH?

Gläser mit Gummidichtung (Bügelgläser oder Einmachgläser) oder Gläser mit einem speziellen Gärdeckel sind ideal. Bei der Fermentation wird Kohlendioxid produziert – bei dieser Art Gläser kann der Überdruck entweichen, ohne dass Luft von außen ins Glas gelangt. Der Sauerstoff im Glas wird zunehmend durch Kohlendioxid ersetzt, was die Bildung von Kahmhefe und Schimmel reduziert. Natürlich können auch nicht dicht schließende Gärtöpfe oder Glasgefäße, die nur mit einem Tuch bedeckt sind, zum Fermentieren verwendet werden. Immer gilt: Das Einmachgut stets mit Lake bedeckt halten.

WIE HÄLT MAN DAS GEMÜSE IN DER LAKE?

Am besten eignen sich flache, schwere Einlegegewichte aus Glas oder Keramik. Auch ein mit Wasser gefüllter Gefrierbeutel kann verwendet werden. Ein kleines Schraubglas ohne Deckel, das mit der Öffnung nach oben in das große Glas gestellt wird und beim Schließen auf das Einmachgut drückt, eignet sich ebenso. Ich verwende gern auch zurechtgeschnittene dünne Holzspieße, die ich direkt über dem Einmachgut, unter der Lake, in das Glas klemme. Vor dem Beschweren sollte man zerkleinertes Einmachgut wie Kohlstreifen mit einem großen Kohlblatt abdecken, um einzelne Stücke am Aufsteigen zu hindern.

CURTIDO

Ergibt ca. 1 kg, Haltbarkeit: ca. 6 Monate
Zubereitung: 45 Min. + 2–3 Wochen Fermentieren

---

1 Kopf Weißkohl (1 kg) • 16 g Salz (1,5 % vom Gewicht des gesamten zerkleinerten Gemüses) • 2 Möhren • 1 kleine Zwiebel • 1 kleine grüne Chilischote • 2 %ige Salzlösung aus 100 ml Wasser und 2 g Salz (bei Bedarf)

1. Äußere Blätter vom Kohl entfernen, 1 großes Blatt waschen und beiseitelegen. Kohl vierteln, Strunk entfernen und die Viertel in feine Streifen schneiden. In eine Schüssel geben und mit Salz bestreuen. Kurz mischen und ca. 10 Min. ziehen lassen. Dann kräftig kneten, damit Wasser austritt.

2. Inzwischen Möhren putzen, waschen und raspeln. Zwiebel schälen, längs halbieren und in feine Halbringe schneiden. Chili putzen, waschen und in Ringe schneiden. Alles mit dem Kohl vermengen. Probieren und bei Bedarf nachsalzen.

3. Alles in ein sauberes Bügel- oder Einmachglas (1,5–2 l) füllen und dicht pressen, der Kohl muss mit Lake bedeckt sein. Bei Bedarf etwas Salzlösung dazugeben. Das Glas nicht randvoll füllen.

4. Die Mischung mit dem beiseitegelegten Blatt bedecken und beschweren. Das Glas verschließen und den Kohl 1–3 Tage bei Zimmertemperatur fermentieren lassen. Dann 1–2 Wochen an einen kühlen Ort stellen. Bei Bedarf Salzlake nachfüllen. Zwischendurch probieren. Sobald das Gemüse angenehm sauer schmeckt, im Kühlschrank lagern.

Tipp: Für klassisches Sauerkraut 1 kg Weißkohl, 13 g Salz, 1 TL Kümmel, 5 Wacholderbeeren und 2 Lorbeerblätter genauso verarbeiten.

EINFACHES KIMCHI

Ergibt ca. 500 ml, Haltbarkeit: ca. 3 Monate
Zubereitung: 35 Min. + 6 Std. Ziehen + 1 Tag Fermentieren

Kimchi ist Koreas Nationalgericht und Begleiter vieler Speisen. Dafür wird Chinakohl mit einer Paste vermengt, die unter anderem Gemüse und nicht zu scharfes Chilipulver enthält. Durch Milchsäuregärung wird das Kimchi haltbar gemacht. Um dem Kohl Wasser zu entziehen, wird in dieser Variante nicht wie üblich jedes Blatt einzeln eingesalzen, sondern klein geschnitten und für einige Stunden in eine Salzlake eingelegt. Diese Version ist schneller und einfacher, und mindestens genauso köstlich.

---

1 kleiner Chinakohl (ca. 600 g) • 75 g Salz • 1 Möhre (80 g) • 1 Frühlingszwiebel • 3 Knoblauchzehen • 1 kleine Zwiebel • 1 Stück Ingwer (ca. 2 cm) • 1 EL Fischsauce (ersatzweise Sojasauce) • 2 EL Gochugaru-Chilipulver (15 g; ersatzweise anderes mildes bis mittelscharfes Chilipulver)

---

1. Die äußeren Blätter des Chinakohls entfernen, waschen und beiseitelegen. Den Kohl längs vierteln und den Strunk herausschneiden. Jedes Viertel in 4 cm breite Stücke schneiden.

2. Das Salz mit 1,5 l kaltem Wasser verrühren, bis es sich aufgelöst hat. Die Kohlstücke mit der Salzlake in eine große Schüssel geben und mit einem Teller beschweren, sodass der Kohl mit Lake bedeckt ist. Bei Bedarf zuvor den zerkleinerten Kohl mit den ganzen Kohlblättern bedecken, um das Gemüse am Aufsteigen zu hindern. Den Kohl in der Lake 5–6 Std. ziehen lassen.

3. Kurz bevor der Chinakohl fertig ist, die Möhre putzen, waschen und fein raspeln oder in Juliennestifte schneiden. Die Frühlingszwiebel putzen, waschen und in Ringe schneiden.

4. Knoblauch, Zwiebel und Ingwer schälen und grob würfeln. Mit der Fischsauce, dem Chilipulver, der Hälfte der Möhrenraspel und 3 EL Wasser in einem Mixer zu einer cremigen Paste zerkleinern. Die Chilipaste mit den übrigen Möhrenraspeln und der Frühlingszwiebel vermengen.

5. Den Chinakohl durch ein Sieb abgießen und gründlich abspülen. Der Kohl soll danach nur mehr ganz leicht salzig schmecken. Abtropfen lassen.

6. Den Kohl mit der Paste in einer Schüssel gründlich vermengen und dann mit so wenigen Lufteinschlüssen wie möglich fest in ein Glas drücken. Mit einem Deckel verschließen und 1 Tag bei Zimmertemperatur stehen lassen (s. Tipp).

7. Das Glas anschließend in den Kühlschrank stellen. Dort fermentiert das Kimchi ganz langsam weiter und es können jederzeit Portionen entnommen werden. Im Kühlschrank hält es ca. 3 Monate.

Tipp: Wenn Sie lieber saures Kimchi mögen, lassen Sie es einfach einige Tage länger bei Zimmertemperatur stehen.

KLASSISCHE SALZGURKEN

Ergibt ca. 1 kg, Haltbarkeit: ca. 6 Monate
Zubereitung: 25 Min. + 1–7 Tage Fermentieren

Salzgurken, auch saure Gurken genannt, sind neben Sauerkraut wohl das bekannteste fermentierte Produkt. Je nach gewünschtem Aroma können verschiedene Gewürze wie Dilldolden, Knoblauch oder Meerrettich verwendet werden. Dieses Rezept ist ganz klassisch gehalten, mit Senf- und Korianderkörnern, etwas Pfeffer und Lorbeerblättern.

1 kg kleine Einlegegurken • 1 TL gelbe Senfkörner • 1 TL Korianderkörner • 5 Pfefferkörner • 2 Lorbeerblätter • 1 Handvoll tanninhaltige Blätter (nach Belieben; s. Tipp) • 42 g Salz

1. Die Gurken waschen und die Blütenansätze an der Spitze entfernen. Diese enthalten ein Enzym, das die Gurken schneller weich werden lässt.

2. Die Gewürze in ein großes Glas geben. Falls verwendet, die tanninhaltigen Blätter darauflegen, diese verhindern ein Aufsteigen der Gewürze im Glas und tragen zur Knackigkeit bei (s. Tipp). Die Gurken dicht in das Einmachglas schichten. Nach oben etwas Raum frei lassen, um die Gurken bei Bedarf noch beschweren zu können.

3. Das Salz und 1,2 l kaltes Wasser in einem Krug unter Rühren auflösen. Die Lake nicht randvoll in das Einmachglas gießen, da sie sonst bei der Gärung überläuft. Sollte etwas von der Salzlösung übrig bleiben, diese für ein eventuelles Nachgießen aufbewahren. Die Gurken müssen unbedingt von Lake bedeckt sein, andernfalls werden sie weich und verderben leicht. Durch die beim Gären entstehende Kohlensäure neigen sie dazu, nach oben zu treiben, darum die Gurken mit Einlegegewichten beschweren. Das Glas verschließen.

4. Die Gurken bei Zimmertemperatur 1–7 Tage stehen lassen – bei warmer Umgebung fermentieren sie schneller als bei kühler. Das Gurkenglas unbedingt auf einen Teller stellen, da durch die einsetzende Milchsäuregärung Lake austreten kann. Zudem trübt sich die Salzlake in den ersten Tagen und Bläschen steigen im Glas auf. Die Gurken wechseln die Farbe von einem frischen, knalligen Grün in das für eingelegte Gurken typische Olivgrün.

5. Wenn sie olivgrün sind und die Lake trüb ist, die Gurken probieren. Sind sie noch nicht sauer genug, noch einen oder mehrere Tage stehen lassen. Wenn sie schmecken, kühl stellen, das verlangsamt die weitere Gärung. Im Keller gären sie langsam weiter, im Kühlschrank wird die Gärung fast vollständig gestoppt.

Tipp: Damit Salzgurken besonders knackig werden, gibt man oft tanninhaltige Blätter in die Lake. Das können außer Weinblättern auch Eichen-, Brombeer-, Himbeer- oder Kirschblätter sein. Sie verhindern ein zu schnelles Aufbrechen der Zellwände. Auch die Zugabe von Salz und das Entfernen der Blütenansätze tragen zur Knackigkeit bei.

BREAD AND BUTTER PICKLES

Ergibt ca. 500 ml, Haltbarkeit: ca. 3 Monate
Zubereitung: 15 Min. + mind. 3 Std. Ziehen

Diese süßsauren Gurken haben Suchtpotenzial und sind die perfekten Begleiter zu Burgern und Hotdogs. Sie schmecken aber auch auf belegten Broten, in Sandwiches oder als Ergänzung einer Käseplatte. Ich habe sie bei einem Burger-Kochkurs in den USA kennengelernt – seither steht immer ein Glas in meinem Kühlschrank.

400 g kleine Gurken (ersatzweise 1 Salatgurke) • 1 kleine Zwiebel • 1 TL gelbe Senfkörner • 1 TL Korianderkörner • 150 ml Apfelessig (ersatzweise Weißweinessig) • Salz • 80 g Zucker • 1 kleine Zimtstange • 3 Nelken • ½ TL gemahlene Kurkuma

1. Die Gurken putzen, waschen und in 3–4 mm dünne Scheiben schneiden. Die Zwiebel schälen, längs halbieren und in feine Streifen schneiden. Senf- und Korianderkörner nacheinander im Mörser oder mit einem Löffel leicht andrücken.

2. Die angedrückten Gewürze mit dem Essig, 75 ml Wasser, 2 TL Salz, dem Zucker, der Zimtstange, den Nelken und der gemahlenen Kurkuma in einen Topf geben und unter Rühren erhitzen. Etwa 1 Min. köcheln lassen. Zwiebelstreifen und Gurkenscheiben dazugeben und das Ganze unter Rühren zum Kochen bringen.

3. Die Zimtstange entfernen. Die restlichen Gewürze bleiben im Sud, Senf- und Korianderkörner schmecken später großartig.

4. Gurken und Zwiebel mit einem Löffel auf zwei Gläser verteilen und mit dem heißen Sud auffüllen. Die Gläser verschließen und ca. 3 Std. abkühlen und ziehen lassen.

5. Nach 3 Std. sind die Gurken essfertig. Noch besser schmecken sie, wenn sie über Nacht oder länger im Kühlschrank ziehen durften. Die Kurkuma setzt sich am Glasboden ab, das ist normal und beeinträchtigt die Qualität der Pickles nicht.

6. Die Bread and Butter Pickles kühl lagern. Angebrochene Gläser im Kühlschrank aufbewahren. Dabei sollte das Gemüse immer von Sud bedeckt sein, um Schimmel auch bei längerer Lagerung zu verhindern. Eventuell mit einem Gewicht beschweren oder zurechtgeschnittene Holzspieße in das Glas klemmen, um die Gurken im Sud zu halten.

Tipps: Die Gewürzpalette für diese Pickles kann noch mit je 3 Pimentkörnern und Wacholderbeeren erweitert werden. Sie verleihen den Pickles ein raffiniertes Extra-Aroma.

EINGELEGTE ZUCCHINI

Ergibt ca. 650 ml, Haltbarkeit: ca. 3 Monate
Zubereitung: 15 Min. + mind. 3 Std. Ziehen

3 kleine Zucchini (ca. 450 g) • 1 Schalotte • 1 TL gelbe Senfkörner • 1 TL Korianderkörner • 150 ml Weißweinessig (ersatzweise Apfelessig) • 50 g Zucker • Salz • ½ TL gemahlene Kurkuma

1. Die Zucchini putzen, waschen und längs auf einer Mandoline oder mit einem Messer in 3–4 mm dünne Scheiben schneiden (je dünner, umso weicher werden sie). Die Streifen auf ca. 10 cm kürzen. Die Schalotte schälen, längs halbieren und in feine Streifen schneiden.

2. Senf- und Korianderkörner nacheinander im Mörser oder mit einem Löffel leicht andrücken.

3. Essig, 150 ml Wasser, Zucker, 1 TL Salz, Senf- und Korianderkörner sowie die Kurkuma in einen Topf geben und alles zum Kochen bringen. Die Zucchinischeiben und die Schalotte dazugeben und alles unter Rühren nochmals aufkochen. Die Gemüsestreifen mit einem Löffel auf zwei Gläser verteilen und mit dem heißen Sud auffüllen. Die Gläser verschließen und abkühlen lassen.

4. Nach 3 Std. sind die Zucchini essfertig. Noch besser schmecken sie, wenn sie über Nacht oder länger im Kühlschrank ziehen durften.

5. Die Zucchini kühl lagern, angebrochene Gläser im Kühlschrank aufbewahren. Dabei muss das Gemüse immer von Sud bedeckt sein.

Tipp: Die eingelegten Zucchini passen hervorragend zu Käse, auf belegte Brote oder auch als Alternative zu herkömmlichen Burger-Gurken.

BANH MI PICKLES

Ergibt 1,2 l, Haltbarkeit: ca. 3 Monate
Zubereitung: 30 Min. + mind. 2 Std. Ziehen

350 g Daikon-Rettich (ersatzweise milder weißer Rettich; s. Tipp) • 350 g Möhren • Salz • 100 g Zucker • 300 ml Weißweinessig

1. Den Rettich und die Möhren waschen, putzen, schälen und mit einem Julienneschneider oder einem scharfen Messer in ca. 5 cm lange, dünne Stäbchen schneiden.

2. Die Gemüsestäbchen in eine Schüssel geben. Mit 1 TL Salz und 2 TL Zucker bestreuen und mit den Händen einige Minuten kneten, bis das Gemüse einen Teil der Flüssigkeit verliert. In ein Sieb geben, mit Wasser abspülen und mit den Händen leicht ausdrücken.

3. Den restlichen Zucker (90 g) und 1 TL Salz in einem Krug mit 250 ml heißem Wasser unter Rühren auflösen. Den Essig unterrühren.

4. Rettich und Möhren auf drei Einmachgläser (à 400 ml) verteilen, bei Bedarf hineinpressen. Den Sud darübergießen. Die Gläser verschließen und das Gemüse mindestens 2 Std., besser über Nacht, im Kühlschrank ziehen lassen.

5. Gekühlt schmecken die Pickles in den ersten Wochen am besten. Falls sie etwas streng riechen, vor dem Genuss ca. 10 Min. offen lüften lassen.

Tipp: Daikon-Rettich mit einem Durchmesser von ca. 5 cm ist ideal für diese Pickles. Je größer der Rettich ist, desto schärfer schmeckt er. Scharfen Rettich salzen, ca. 10 Min. ziehen lassen und mit kaltem Wasser abspülen. So wird er etwas milder.

BANH MI SANDWICH

Ergibt 3 große Sandwiches
Zubereitung: 30 Min.

Banh Mi Sandwiches sind ein Klassiker aus Vietnam. Diese Baguettes werden meist mit Fleisch, Gurken und – ganz essenziell – Möhren- und Rettich-Pickles gefüllt.

Für die Marinade: *1 große Knoblauchzehe • 1 Stück Ingwer (3 cm) • 2 EL Sesamöl (ersatzweise Sonnenblumenöl) • 2 EL Sojasauce • 1 TL Honig • 1 EL Limettensaft (ersatzweise Zitronensaft) • schwarzer Pfeffer (frisch gemahlen)* **Für die Sriracha-Mayo:** *2 EL Mayonnaise • ½ TL Sriracha-Chilisauce • Salz • ½ TL Limettensaft* **Außerdem:** *250 g Hähnchenbrustfilet • ½ kleine Salatgurke • 2 Chilischoten (Sorte nach Belieben) • 1 kleines Bund Koriandergrün • 3 kleine Baguettes (ersatzweise 1 großes Baguette) • 3 EL Banh Mi Pickles (s. S. 65)*

1. Für die Marinade Knoblauch und Ingwer schälen und fein reiben oder sehr fein hacken. Es soll ungefähr 1 TL je Zutat sein. Öl, Sojasauce, Honig, Limettensaft und Pfeffer mit Knoblauch und Ingwer in einer kleinen Schüssel verrühren.

2. Für die Sriracha-Mayo die Mayonnaise mit der Sriracha-Sauce, 1 Prise Salz, und dem Limettensaft in einer Schüssel verrühren.

3. Das Hähnchenbrustfilet trocken tupfen und in zwei Stücke schneiden. Die Marinade in einer Pfanne erhitzen. Sobald sie zu köcheln beginnt, das Hühnerfleisch einlegen. Das Fleisch bei mittlerer Hitze in 5–8 Min. unter gelegentlichem Wenden in der Marinade schmoren, bis es durchgegart ist. (Diese Zeit variiert, je nachdem wie dick das Fleisch geschnitten wurde.) Die Sauce soll dabei dick und sirupartig einkochen. Bei Bedarf etwas Wasser dazugeben, damit nichts anbrennt.

4. Inzwischen die Gurke putzen, waschen oder schälen und in dünne, 5 cm lange Stifte schneiden. Die Chilischoten putzen, waschen und in Ringe schneiden. Koriandergrün waschen, trocken schütteln und beiseitelegen – die Blätter erst bei Gebrauch abzupfen, so bleiben sie länger frisch.

5. Das Fleisch aus der Pfanne nehmen und in Streifen schneiden, dann wieder in die Pfanne geben und in der Marinade wenden, sodass die Streifen rundherum mit Marinade bedeckt sind.

6. Die Baguettes der Länge nach aufschneiden, aber nicht ganz durchschneiden, und auseinanderklappen. Die Unterseite der Baguettes dünn mit Sriracha-Mayo bestreichen, dann mit Fleisch und mit je 1 EL abgetropften Banh Mi Pickles füllen. Die Gurkenstifte ganz leicht salzen und mit den Chiliringen und ein paar abgezupften Korianderblättern darauf verteilen.

AJVAR

Ergibt ca. 450 ml, Haltbarkeit: ca. 1 Jahr
Zubereitung: 1 Std. + 40 Min. Backen + 1 Std. Ziehen

Ajvar, die Paprikapaste des Balkans, ist vielseitig verwendbar – beispielsweise als Brotaufstrich, Dip oder Grillsauce. Ajvar wird entweder ausschließlich aus roten Paprikaschoten zubereitet wie in diesem Rezept oder diese werden zu rund einem Fünftel durch Auberginen ersetzt. Im Ofen und beim Ruhen wird den Schoten bereits viel Wasser entzogen, was die Kochzeit auf dem Herd erheblich verkürzt.

1,3 kg rote Paprika • 65 ml Sonnenblumenöl • 1 TL Essig • Salz

1. Die Paprika waschen und abtrocknen. Dann längs halbieren, die weißen Trennwände und Kerne entfernen. Am leichtesten lassen sich die Kerne entfernen, indem man einige Male über dem Spülbecken auf die halbierte Paprika klopft.

2. Die Paprikahälften mit der Schnittfläche nach unten auf zwei mit Backpapier ausgelegte Backbleche verteilen. Die Bleche in den Ofen schieben und den Ofen auf 220° (Umluft) stellen. Die Paprika ca. 40 Min. backen, bis sich die Haut schwarz färbt und Blasen wirft.

3. Die Bleche herausholen, die Paprikahälften herunternehmen und sofort in eine große Schüssel geben. Mit einem Teller abdecken und ca. 1 Std. ziehen lassen. Danach lassen sie sich leichter häuten und verlieren Flüssigkeit – das erleichtert das spätere Einkochen.

4. Die Flüssigkeit aus der Schüssel abgießen und die Paprikahälften mit einem Messer häuten (nur die ganz dünne Haut abziehen). Je nach gewünschter Konsistenz des Ajvars die Paprika mit einem Pürierstab oder im Blitzhacker grob pürieren.

5. Paprika, Öl, Essig und ½ TL Salz in einen Topf geben und die Mischung bei mittlerer Hitze unter Rühren in ca. 15 Min. sehr dickflüssig einkochen lassen. Das fertige Ajvar probieren und nochmals mit Salz abschmecken.

6. Für eine lange Haltbarkeit die vorbereiteten Gläser bis 2 cm unter den Rand mit dem Ajvar befüllen. Den Rand sauber wischen, die Gläser verschließen und in einen großen Topf mit Siebeinsatz oder Einlegeboden stellen. So viel heißes Wasser angießen, bis die Gläser zu drei Viertel im Wasser stehen. Alles zugedeckt langsam zum Kochen bringen. Die Gläser im 100° heißen Wasser 1 Std. einkochen. Den Einkochvorgang nach 24–48 Std. wiederholen.

Tipp: Wenn Sie das Ajvar nicht einkochen, hält es ungeöffnet im Kühlschrank ca. 2 Monate. Den Inhalt von geöffneten Gläsern bald aufbrauchen.

PINDJUR

Ergibt ca. 1 l, Haltbarkeit: ca. 1 Jahr
Zubereitung: 1 Std. + 40 Min. Backen + 1 Std. Ziehen

Pindjur, ein naher Verwandter von Ajvar, ist ebenfalls auf dem Balkan zu Hause und besteht aus einem Mix aus Paprika, Tomaten, Auberginen und etwas Knoblauch. Mit seiner interessanten Textur und seinem gewinnenden Geschmack macht er sich perfekt als Brotaufstrich und Dip, als Beilage zu Gegrilltem und als Bereicherung jeder Antipasti-Platte.

1,3 kg rote Paprika • 700 g Auberginen • 300 g Tomaten • 2 große Knoblauchzehen • 130 ml Sonnenblumenöl • 1 TL Essig • Salz • 1 Prise Chiliflocken (nach Belieben)

1. Paprika, Auberginen und Tomaten waschen und abtrocknen. Die Paprika längs halbieren, weiße Trennwände und Kerne entfernen.

2. Die Paprika mit der Schnittfläche nach unten auf zwei mit Backpapier ausgelegte Backbleche verteilen. Die Auberginen längs halbieren und mit der Schnittfläche nach unten dazulegen. Die Haut mehrfach mit einer Gabel einstechen. Die Tomaten und die ungeschälten Knoblauchzehen dazulegen.

3. Die Bleche in den Ofen schieben und den Ofen auf 220° (Umluft) stellen. Das Gemüse ca. 40 Min. backen, bis sich die Haut der Paprika schwarz färbt und Blasen wirft, bis die Auberginen weich sind und sich die Haut der Tomaten ablöst. Falls der Knoblauch vorher dunkel wird, herausnehmen.

4. Paprika, Auberginen und Tomaten vom Blech nehmen, sofort in eine Schüssel geben und mit einem Teller abdecken. Etwa 1 Std. ziehen lassen. So lassen sich die Paprika viel leichter häuten und verlieren Flüssigkeit. Das erleichtert das spätere Einkochen.

5. Die Flüssigkeit abgießen, die Paprika mit einem Messer häuten (nur die ganz dünne Haut abziehen) und fein hacken. Die Tomaten häuten, den Stielansatz entfernen und das Fruchtfleisch klein würfeln. Das Fruchtfleisch der Auberginen mit einem Löffel aus der Schale lösen und klein würfeln. Knoblauch aufschneiden und das weiche Innere mit einem Messer herausschaben.

6. Tomatenwürfel, Paprika, Auberginen, Knoblauch, Öl, Essig und 1 TL Salz sowie, falls verwendet, die Chiliflocken einrühren. Alles unter Rühren bei mittlerer Hitze in ca. 10 Min. dickflüssig einkochen lassen, dann mit Salz abschmecken.

7. Für eine lange Haltbarkeit die vorbereiteten Gläser bis 2 cm unter den Rand mit dem Pindjur befüllen. Den Rand säubern, die Gläser verschließen und in einen großen Topf mit Siebeinsatz oder Einlegeboden stellen. So viel heißes Wasser angießen, bis die Gläser zu drei Vierteln im Wasser stehen. Alles zugedeckt langsam zum Kochen bringen. Die Gläser im 100° heißen Wasser 1 Std. einkochen. Den Einkochvorgang nach 24–48 Std. wiederholen.

Tipp: Wenn Sie Pindjur nicht einkochen, hält es ca. 2 Monate ungeöffnet im Kühlschrank. Den Inhalt von geöffneten Gläsern bald aufbrauchen.

KIRSCH-CHUTNEY

Ergibt ca. 250 ml, Haltbarkeit: 5–6 Monate
Zubereitung: 20 Min. + 30 Min. Kochen

500 g Süßkirschen • 1 kleine rote Zwiebel • 2 EL Öl • 1 Stück Ingwer (20 g) • 70 ml Weißweinessig • 100 g brauner Zucker • 4 EL Limettensaft (ersatzweise Zitronensaft) • ½ TL gemahlener Piment (ersatzweise 1 Nelke, gemörsert) • Salz • schwarzer Pfeffer (frisch gemahlen)

1. Die Kirschen waschen, die Stiele abzupfen, die Früchte halbieren und entkernen. Die Zwiebel schälen und fein würfeln. Das Öl in einem Topf erhitzen und die Zwiebel darin bei mittlerer Hitze ca. 3 Min glasig andünsten, nicht bräunen. Inzwischen den Ingwer schälen und fein reiben. Zur Zwiebel geben und 1 Min. mitdünsten.

2. Die Zwiebel-Ingwer-Mischung mit dem Essig ablöschen. Zucker, Kirschen, Limettensaft und Piment dazugeben.

3. Das Ganze bei mittlerer Hitze offen 30–40 Min. unter gelegentlichem Rühren einkochen lassen. Gegen Ende der Kochzeit mit 1 Prise Salz und Pfeffer würzen.

4. Das Chutney ist fertig, wenn der Topfboden noch mit etwas Flüssigkeit bedeckt ist. Es soll nicht die ganze Flüssigkeit eingekocht werden, da die Mischung nach dem Abfüllen in die Gläser (oder nach dem Abkühlen) noch eindickt.

5. Das Chutney in vorbereitete Gläser füllen und im Kühlschrank lagern, dort hält es einige Monate.

Tipp: Das Kirsch-Chutney schmeckt sehr gut zu Käse, aber auch zu Fleischgerichten, auf mit Frischkäse bestrichenem Toast oder Gebäck. Ich mag es auch sehr gerne gleich nach dem Kochen, noch warm, auf Joghurt.

RED ONION PICKLES

Ergibt ca. 250 ml, Haltbarkeit: ca. 1 Monat
Zubereitung: 15 Min. + 1 Std. Ziehen

---

60 ml Apfelessig (ersatzweise Weißweinessig) • 2 TL Zucker • Salz • 140 g rote Zwiebeln • 1 grüne Chilischote

---

1. In einem kleinen Topf den Essig mit 120 ml Wasser, dem Zucker und 1 TL Salz erhitzen, bis sich Salz und Zucker auflösen. Den Topf vom Herd nehmen und den Sud etwas abkühlen lassen.

2. Die Zwiebeln schälen und in feine Scheiben schneiden. Die Chilischote putzen, waschen und in feine Ringe schneiden. Zwiebeln und Chiliringe in ein sauberes Einmachglas (250 ml) geben.

3. Den warmen Einmachsud über die Zwiebeln gießen. Das Glas verschließen und ca. 1 Std. auskühlen lassen. Nach 1 Std. sind die Zwiebeln essfertig. Sie schmecken aber noch besser, wenn sie über Nacht im Kühlschrank ziehen durften – dabei wird auch die Farbe leuchtender.

4. Die Pickles im Kühlschrank lagern. Sie schmecken in den ersten Wochen am besten, danach verblasst auch die Farbe zunehmend.

Tipp: Die Zwiebeln sind wunderbar auf Tacos, schmecken aber auch grandios in Salaten, auf belegten Broten oder zu einer Käseplatte. Wer möchte, kann die Red Onion Pickles mit Ingwer, Koriander- und Senfkörnern oder einer Kombination der Zutaten variieren. Dafür je 1 TL Koriander- und Senfkörner nacheinander im Mörser oder mit einem Löffel leicht andrücken. 1 Stück Ingwer (1 cm) schälen und in feine Scheiben oder Stifte schneiden.

TACOS MIT RED ONION PICKLES

Ergibt 12 kleine Tacos
Zubereitung: ca. 30 Min.

Diese Tacos sind eine wahre Geschmacksexplosion: Feurige Texmex-Pilze treffen auf eine cremige Guacamole und werden mit eingelegten roten Zwiebeln belegt. Durch das Einlegen der Zwiebeln in Säure nehmen sie eine leuchtend pinke Farbe an und werden geschmacklich milder – ideal als Taco-Topping.

Für die Guacamole: *2 Avocados (je ca. 190 g) • 1 Limette • 1 Schalotte • 1 Jalapeño-Chilischote (ersatzweise andere grüne Chili) • 3 Stängel Koriandergrün • Salz* **Für die Pilze:** *400 g braune Champignons • 1,5 TL gemahlener Koriander • 1,5 TL Chilipulver (Gewürzmischung) • 1,5 TL geräuchertes Paprikapulver (ersatzweise mehr Chilipulver) • 1 TL schwarzer Pfeffer (frisch gemahlen) • Salz • 1 EL Öl* **Außerdem:** *12 Mais- oder Weizentortillas (à 12 cm ∅)* **Zum Servieren:** *ca. 80 g Red Onion Pickles (s. S. 73) • ca. 100 g Queso Fresco (ersatzweise milder Feta oder Hirtenkäse) • 4 Bio-Limettenscheiben*

---

1. Für die Guacamole die Avocados halbieren und den Kern entfernen. Das Fruchtfleisch aus der Schale lösen und in eine Schüssel geben. Die Limette auspressen und 3 TL Saft auf das Avocadofruchtfleisch träufeln. Mit einer Gabel zerdrücken.

2. Die Schalotte schälen und sehr fein würfeln. Die Chilischote putzen und waschen, eine Hälfte klein hacken, die andere Hälfte in Ringe schneiden. Die gehackte Chili und die Schalottenwürfel unter die Avocadocreme rühren, die Chiliringe zum Garnieren beiseitelegen.

3. Das Koriandergrün waschen und trocken schütteln. Ein paar Blätter zum Garnieren beiseitelegen, den Rest fein hacken und unter die Guacamole rühren. Die Guacamole gut durchrühren und mit Salz und Limettensaft abschmecken. Bis zur Verwendung abgedeckt kühl stellen.

4. Für die Pilze die Champignons putzen, trocken abreiben und in Scheiben schneiden. Koriander, Chilipulver, Paprikapulver, Pfeffer und ½ TL Salz in einer kleinen Schüssel vermengen.

5. Das Öl in einer Pfanne erhitzen und die Champignons darin bei mittlerer bis großer Hitze 3–5 Min. anbraten, bis sie deutlich an Volumen verloren haben. Die Gewürzmischung gleichmäßig darüberstreuen und alles weitere 1–2 Min. braten. Sollten die Pilze zu trocken werden, etwas Wasser dazugeben. Die Pilze mit Salz abschmecken.

6. Während die Pilze braten, die Tortillas erwärmen. Dafür eine Pfanne ohne Fett erhitzen und die Tortillas darin auf jeder Seite ca. 20 Sek. erwärmen. Herausnehmen und in einem tiefen Teller mit einem Teller oder Küchentuch bedeckt warm halten. Alternativ einen Stapel Tortillas in Alufolie einpacken und im Backofen bei 170° (Umluft) erwärmen.

7. Die Tortillas mit Guacamole bestreichen und mit den Pilzen, Red Onion Pickles, beiseitegelegten Chiliringen, Korianderblättern und etwas zerbröseltem Käse belegen. Die Limettenscheiben vierteln und darauflegen.

FERMENTIERTE SALSA

Ergibt ca. 700 ml, Haltbarkeit: ca. 3 Wochen
Zubereitung: 30 Min. + 2–3 Tage Fermentieren

Wer liebt sie nicht, die aromatischen Salsas zum Dippen mit Tortilla-Chips! Die Zutaten für dieses Rezept sind an das mexikanische »Pico de Gallo« angelehnt, eine Salsa aus Tomaten, Zwiebel, Chili, Limettensaft und Koriandergrün. Durch das Fermentieren erhält die klassische Tomatensalsa eine leicht säuerliche Note, die ihr das gewisse Etwas verleiht, und eine musigere Konsistenz, die perfekt zum Dippen ist.

---

550 g Tomaten • Salz • ½ grüne Paprika • 1 Schalotte • 1 Knoblauchzehe • 1 Chilischote • 2 Stängel Koriandergrün • 2 EL Limettensaft (ersatzweise Zitronensaft)

---

1. Die Tomaten waschen und vierteln, die Stielansätze entfernen und die Viertel in 2–3 cm große Würfel schneiden. In eine Schüssel geben und mit 1 TL Salz bestreuen. Die Tomatenstücke mit einem Kartoffelstampfer oder den Fingern zerdrücken, bis eine breiige Masse mit Stückchen entsteht.

2. Die Paprikahälfte waschen, weiße Trennwände und Kerne entfernen und die Paprika fein würfeln. Schalotte und Knoblauch schälen und fein hacken. Die Chilischote waschen, halbieren, weiße Trennwände und Kerne entfernen und die Hälften ebenfalls fein hacken. Das Koriandergrün waschen, trocken schütteln und fein hacken.

3. Paprika, Schalotte, Knoblauch, Chili und Koriandergrün sowie den Limettensaft mit den Tomaten vermengen. Die Salsa probieren und bei Bedarf etwas nachsalzen.

4. Die Salsa auf drei vorbereitete kleine Gläser verteilen, diese aber nicht ganz voll machen, sondern 2–3 cm Platz bis zum Rand lassen. Die Gläser mit einem Deckel verschließen. Twist-off-Gläser oder Bügel- und Einmachgläser mit Gummiring eignen sich hier sehr gut.

5. Die Gläser auf Teller oder ein Tablett stellen (da Flüssigkeit austreten wird). Die Salsa bei Zimmertemperatur 2–3 Tage fermentieren lassen. Den Inhalt täglich umrühren.

6. Nach 1 Tag, manchmal erst nach 2 oder 3 Tagen (bei wärmeren Temperaturen geht es schneller) hört man beim Öffnen des Deckels ein Zischen und Bläschen steigen im Glas auf. Die Salsa trennt sich in Flüssigkeit und feste Bestandteile – das Gemüse steigt im Glas auf. Am zweiten oder dritten Tag ist die Salsa meist fertig. Einfach probieren: Wenn die Salsa gut schmeckt, ist sie fertig.

7. Sollten sich feste und flüssige Bestandteile trennen, die Salsa gut durchrühren. Wer eine dickflüssigere Salsa bevorzugt, kann zuvor etwas Flüssigkeit abgießen. Die Salsa im Kühlschrank lagern, um ein weiteres Ansäuern zu verlangsamen. Gekühlt hält sie ca. 3 Wochen, oft auch länger. Sie wird aber durch die fortschreitende Fermentation zunehmend saurer.

WATERMELON RIND PICKLES

Ergibt ca. 600 ml, Haltbarkeit: ca. 6 Monate
Zubereitung: 20 Min. + 30 Min. Kochen + mind. 8 Std. Ruhen

Eingelegte Wassermelonenschalen sind in den Südstaaten der USA populär. Was normalerweise im Abfall landet, wird hier zu einer fruchtigen, süßsauren Köstlichkeit verarbeitet. Die Pickles passen überall dazu, wo auch anderes eingelegtes Gemüse Verwendung findet. Kernarme Melonen haben häufig eine sehr dünne Schale und sind für diese Pickles weniger geeignet.

1 kleine Wassermelone (am besten bio; ca. 1,5 kg) • 1 Bio-Zitrone • 1 Stück Ingwer (2 cm) **Für die Salzlake:** *35 g Salz* **Für die Essiglake:** *120 ml Weißweinessig (ersatzweise Apfelessig) • 60 ml Zitronensaft • 140 g Zucker • 1 kleine Zimtstange • 3 Nelken • 1 Sternanis • 1 TL Korianderkörner*

1. Die Melone waschen und in Spalten schneiden. Die dunkelgrüne Schale mit einem Sparschäler abschälen. Das rote Fruchtfleisch mit einem Messer bis auf 3–5 mm von der Schale schneiden. Die Schalen abwiegen, es sollten ca. 550 g sein.

2. Die Schalen in 1,5 cm breite und 4 cm lange Streifen schneiden.

3. Für die Salzlake 700 ml kaltes Wasser mit dem Salz verrühren, bis sich das Salz aufgelöst hat. Die Schalenstücke in eine Schüssel geben und mit der Salzlake bedecken. Mit einem kleinen Teller beschweren, sodass alle Schalen in der Lake sind.

4. Die Schalen 8 Std. oder etwas länger, z. B. über Nacht, in der Salzlösung ziehen lassen, dann abseihen. Danach sollten die Schalen salzig schmecken und etwas biegsamer sein.

5. Die Zitrone heiß abwaschen und den Ingwer schälen. Beides in feine Scheiben schneiden.

6. Für die Essiglake den Essig und 120 ml Wasser in einen Topf geben. Zitronensaft, Zucker, Zimtstange, Nelken, Sternanis und Korianderkörner hinzufügen und das Ganze zum Kochen bringen. Die Melonenschalen, Zitronen- und Ingwerscheiben dazugeben und alles unter gelegentlichem Rühren zugedeckt 30–40 Min. köcheln lassen, bis die Melonenschalen durchsichtig werden.

7. Zimt und Sternanis entfernen und die Pickles kochend heiß in Gläser füllen, anschließend die Gläser mit der Flüssigkeit aufgießen und verschließen. Kühl gelagert halten die Pickles ca. 6 Monate.

Tipp: Für eine längere Haltbarkeit (ca. 1 Jahr) die Gläser bis 2 cm unter den Rand befüllen, verschließen und in einen großen Topf mit Siebeinsatz oder Einlegeboden stellen. So viel heißes Wasser angießen, bis die Gläser zu drei Vierteln im Wasser stehen. Alles zugedeckt langsam zum Kochen bringen. Die Pickles bei 100° ca. 15 Min. einkochen.

Eingelegte Wassermelonenschalen sind mit dem Geschmack von süßsauer eingelegten Gurken vergleichbar, nur fruchtiger.

TOMATENSUGO MIT FRISCHEN KRÄUTERN

Ergibt ca. 900 ml, Haltbarkeit: ca. 1 Jahr
Zubereitung: 35 Min. + 35 Min. Einkochen

Eingekochte Gerichte sind ein großartiger Vorrat. Sommerreife Tomaten können so für den Winter haltbar gemacht werden und erfreuen uns in der kalten Jahreszeit mit ihrem Aroma. Dieser Sugo schmeckt wunderbar zu frisch gekochter Pasta.

1,5 kg Tomaten • 2 Knoblauchzehen • 2 EL Zitronensaft • 3 Stängel Basilikum • 3 Stängel Oregano • 2 Zweige Thymian • 2 EL Tomatenmark • Salz • 1 TL Zucker

Die Tomaten kreuzförmig einritzen und für 30–45 Sek. in einen Topf mit kochendem Wasser legen. Herausnehmen, kurz abkühlen lassen und die Haut abziehen. Die Stielansätze herausschneiden und die Tomaten klein würfeln. Den Knoblauch schälen und in Scheiben schneiden.

Tomatenwürfel, Knoblauch und Zitronensaft in einen großen Topf geben und zum Kochen bringen. Offen 15–20 Min. köcheln lassen, bis die Mischung deutlich eingedickt ist.

Die Kräuter waschen und trocken schütteln, die Blätter abzupfen und grob zerzupfen. Das Tomatenmark in den Tomaten-Mix im Topf einrühren und die Tomaten mit einem Kochlöffel oder Kartoffelstampfer andrücken. Die Kräuter dazugeben und kurz mitkochen.

Den Sugo mit ½ TL Salz und dem Zucker würzen und mit Nudeln genießen. Für eine längere Haltbarkeit in Gläser füllen und einkochen.

GLÄSER BEFÜLLEN: Ausreichend Gläser (am besten Einkochgläser mit Gummidichtung oder Twist-off-Gläser) vorbereiten. Bei Einkochzeiten von mehr als 10 Min. bei 100° müssen sie zuvor nicht ausgekocht werden. Die sauberen Gläser bis ca. 2 cm unter den Rand mit dem heißen Sugo befüllen (Bild 1). Den Glasrand sauber wischen und die Gläser verschließen.

GLÄSER IM WASSERBAD EINKOCHEN: Die Gläser in einen großen Topf mit Siebeinsatz oder Einlegeboden stellen (oder auf ein hitzetaugliches Geschirrtuch). Den Topf mit Wasser aufgießen, bis die Gläser zu drei Vierteln im Wasser stehen (Bild 2). Dabei gilt: Gläser mit heißem Inhalt mit heißem Wasser aufgießen, Gläser mit kaltem Inhalt mit kaltem Wasser. Den Deckel auflegen und das Wasser langsam zum Kochen bringen. Nur so kommt eine möglichst korrekte Einkochzeit zustande, da der Glasinhalt Zeit braucht, um sich der Wassertemperatur anzugleichen. Die Einkochzeit beginnt, sobald das Wasser die im Rezept angegebene Temperatur erreicht. Den Tomatensugo bei 100° ca. 35 Min. einkochen.

GLÄSER ÜBERPRÜFEN UND BESCHRIFTEN: Die Gläser, am besten mit einem Glasheber, aus dem Wasser nehmen und ohne Zugluft komplett abkühlen lassen. Um festzustellen, ob der Einkochvorgang erfolgreich war, die Metallklammern der Einkochgläser entfernen und prüfen, ob der Deckel fest sitzt. Durch das Erhitzen im Glas entsteht Unterdruck und der Deckel hält auch ohne Klammern am Glas (Bild 3). Deckel von Twist-off-Gläsern sollen nach innen gewölbt sein. Die Gläser mit Inhalt und Datum beschriften und kühl lagern. So hält Eingekochtes ungeöffnet 1 Jahr – oft sogar länger.

1

2

3

FRAGEN & ANTWORTEN
EINKOCHEN

Durch das Einkochen von reifen, aromatischen Tomaten kann der Geschmack des Sommers konserviert werden, beispielsweise mit diesem Kräuter-Sugo.

WELCHE LEBENSMITTEL EIGNEN SICH GUT ZUM EINKOCHEN?

Nur Lebensmittel mit einem pH-Wert von unter 4,5 (sauer oder leicht sauer) können im Wasserbad bedenkenlos eingekocht werden. In nicht sauren Milieus können schädliche Erreger leichter überhandnehmen. Fast alle Früchte und viele Tomatensorten erfüllen dieses Kriterium und eignen sich daher zum Einkochen. Wenn man Lebensmitteln mit höherem, wenig saurem pH-Wert einkochen will, muss entweder Säure dazugegeben werden oder sie müssen auf mehr als 100° im Druckkochtopf erhitzt werden. Alternativ muss Obst und Gemüse aufgrund der erhöhten Botulismus-Gefahr zwei Mal im Abstand von mindestens 24 Stunden auf 100° erhitzt werden.

WELCHE GLÄSER SIND EMPFEHLENSWERT?

Ideal sind Einkochgläser mit Glasdeckel, Gummiring und Metallklammern oder Mason Jars. Ist der Inhalt verdorben, gehen die Deckel während der Lagerung auf. Auch Twist-off-Gläser eignen sich, da sie verdorbenen Inhalt durch einen aufgewölbten Deckel anzeigen.

DÜRFEN BINDEMITTEL UND MILCHPRODUKTE EINGEKOCHT WERDEN?

Auf Bindemittel wie Stärke oder Mehl sollte man in Rezepten, die man einkochen will, verzichten. Diese Zutaten können im eingekochten Glas weitergären, das Eingemachte wird folglich sauer und durch die freigesetzten Gase wird der Deckel aufgedrückt. Milchprodukte, wie beispielsweise Sahne, ebenso weglassen.

RATATOUILLE

Ergibt ca. 4 Gläser (à 390 ml), Haltbarkeit: ca. 1 Jahr
Zubereitung: 35 Min. + 1 Std. Einkochen

6 große Tomaten (700 g) • 1 Zucchino (370 g) • 1 Aubergine (380 g) • 1 rote Paprika (170 g) • 1 gelbe Paprika (170 g) • 1 Zwiebel (130 g) • 1 große Knoblauchzehe • 1 Zweig Rosmarin • 3 Zweige Thymian • 3 Stängel Oregano • 2 EL Öl • Salz

1. Die Tomaten über Kreuz leicht einritzen und 30–45 Sek. in kochendes Wasser legen. Herausnehmen, kurz abkühlen lassen und häuten. Das Fruchtfleisch ohne die Stielansätze klein würfeln.

2. Zucchino und Aubergine putzen, waschen und in 2 cm große Würfel schneiden. Beide Paprika waschen und halbieren, die weißen Trennwände und die Kerne entfernen und die Hälften würfeln.

3. Zwiebel und Knoblauch schälen. Die Zwiebel klein würfeln und den Knoblauch fein hacken. Die Kräuter waschen und trocken schütteln. Den Rosmarin ganz lassen, die Blätter von Thymian und Oregano abzupfen.

4. In einer großen Pfanne oder einem großen Topf das Öl erhitzen und die Zwiebel darin bei mittlerer Hitze unter Rühren in 2–3 Min. glasig dünsten. Den Knoblauch unterrühren und ca. 30 Sek. andünsten. Zucchini-, Auberginen- und Paprikawürfel hinzufügen und unter Rühren ca. 5 Min. dünsten.

5. Tomatenwürfel, Rosmarinzweig und Thymianblätter einrühren und alles unter gelegentlichem Rühren in ca. 15 Min. einköcheln. Die Oreganoblätter unterrühren und das Ratatouille mit Salz abschmecken. Das Ratatouille entweder sofort servieren oder heiß in vorbereitete Gläser füllen und bei 100° ca. 1 Std. einkochen. Den Einkochvorgang nach 24–48 Std wiederholen.

HALBGETROCKNETE TOMATEN

Ergibt ca. 350 ml, Haltbarkeit: ca. 3 Wochen (in Öl)
Zubereitung: 15 Min. + 2 Std. Backen

600 g kleine Kirschtomaten • 2 EL Olivenöl • Salz • ca. 220 ml Olivenöl (ersatzweise Sonnenblumenöl) zum Bedecken

1. Die Kirschtomaten waschen, abtropfen lassen und längs halbieren. Den Backofen auf 150° (Ober-/Unterhitze) vorheizen. Die Tomaten dicht nebeneinander mit der Schnittfläche nach oben auf einem mit Backpapier belegten Blech verteilen. Sie sollen möglichst gerade liegen, damit kein Fruchtsaft seitlich abläuft.

2. Die Schnittflächen mit einem Pinsel mit etwas Olivenöl bestreichen und mit ¼ TL Salz bestreuen. Das Blech in den Ofen (Mitte) schieben und die Tomatenhälften ca. 2 Std. backen, bis sie deutlich an Volumen verloren haben und halbtrocken sind. Sehr kleine Tomaten sind eventuell schon nach 1 Std. 30 Min. fertig, also lieber mal nachsehen.

3. Die Tomaten auf Gläser verteilen und mit dem Öl begießen. Die Tomaten im Glas mit einem Löffelstiel etwas bewegen und andrücken, um Lufteinschlüsse zu entfernen.

Tipp: Die halbgetrockneten Tomaten sind leider sehr anfällig für Schimmel und halten luftdicht verschlossen ohne Öl nur 2 Tage im Kühlschrank. Darum am besten gleich verwenden oder gekühlt in Öl aufheben. Sie passen perfekt zu Salaten, als Pizza-Topping (nach dem Backen auf die Pizza legen), zu Pasta oder auf der Antipasti-Platte. Wer mag, würzt sie nach 1 Std. Backzeit mit je ⅓ TL getrocknetem Thymian, Oregano und Basilikum.

BÄRLAUCHKAPERN

Ergibt ca. 300 ml, Haltbarkeit: ca. 6 Monate
Zubereitung: 15 Min. + 1 Woche Ziehen

100 g kleine geschlossene Bärlauchknospen (s. Tipp) • 200 ml Weißweinessig • Salz • 2 leicht gehäufte EL Zucker • 1 TL Korianderkörner • 1 TL gelbe Senfkörner

1. Die Bärlauchknospen waschen und die Stängel abschneiden. Die Knospen auf zwei oder drei Gläser verteilen – mehrere kleine Gläser sind empfehlenswert, da meist eher kleinere Mengen entnommen werden.

2. Den Essig mit 100 ml Wasser, 2 gestr. TL Salz, dem Zucker, den Koriander- und den Senfkörnern in einen Topf geben und unter Rühren aufkochen, bis der Zucker sich aufgelöst hat. Den Sud randvoll in die Gläser füllen und diese sofort mit den Deckeln verschließen (die Kapern steigen auf).

3. Die Bärlauchkapern mindestens 1 Woche ziehen lassen und anschließend im Kühlschrank lagern. Dort halten sie ca. 6 Monate.

Tipp: Bärlauchkapern schmecken auf belegten Broten, in Salaten, auf Sandwiches und in Nudelsaucen, außerdem als Begleiter von Gegrilltem oder Bestandteil einer Antipasti-Platte.

Info: Bärlauch hat im März und April Saison. Für dieses Rezept sollten nur kleine, noch geschlossene Knospen verwendet werden. Es werden ca. 100 g Knospen benötigt – das entspricht knapp einem sehr lose damit gefüllten Halblitergefäß.

MAROKKANISCHE SALZZITRONEN

Ergibt ca. 600 ml, Haltbarkeit: ca. 1 Jahr
Zubereitung: 25 Min. + 3 Tage Ruhen + mind. 4 Wochen Ziehen

Salzzitronen werten durch ihre raffinierte Zitronennote viele Speisen stark auf. Viele nehmen nur die Schale, aber auch das Fruchtfleisch kann verwendet werden. Klein gehackt werden Salzzitronen in verschiedene Gerichte eingerührt – etwa Linseneintöpfe, Kichererbsensalat, Gerichte mit Huhn, in Sahnesaucen für Pasta-Gerichte oder in Salatdressings.

7 kleine Bio-Zitronen • 100 g Salz

1. Die Zitronen gründlich mit heißem Wasser abwaschen und abtrocknen.

2. Die Stielansätze mit einem Messer abschneiden. Die Zitronen auf die abgeflachte Seite stellen und längs kreuzweise einschneiden, aber nicht ganz durchschneiden. Die Viertel sollen an der abgeflachten Seite noch zusammenhängen.

3. Die Zitronen über dem Einmachglas (750 ml–1 l) mit Salz füllen, herunterfallendes Salz landet so gleich im Glas. Wenn alle Zitronen gesalzen im Glas sind und Salz übrig ist, dieses zwischen die Zitronen streuen.

4. Die Zitronen kräftig in das Glas hineindrücken, sodass Saft austritt. Dann das Glas schließen und die Zitronen 12 Std. ruhen lassen.

5. Die Zitronen wieder ins Glas drücken. Das Gleiche am nächsten und übernächsten Tag wiederholen. Der Saft im Glas sollte immer höher steigen.

6. Am dritten Tag alle Zitronen noch einmal kräftig im Glas nach unten drücken. Die Zitronen, die an Volumen verloren haben, zur besseren Lagerung im Kühlschrank in kleinere Schraubgläser umfüllen. Nach Belieben in Spalten schneiden, damit reduziert man Lufteinschlüsse und kann sie leichter entnehmen. Die Gläser dicht füllen. Sollten Zitronen nicht mit Lake bedeckt sein, mit kochendem Wasser bedecken. Die Gläser verschließen.

7. Die Zitronen mindestens 4 Wochen im Kühlschrank ziehen lassen. Sie halten im Kühlschrank ca. 1 Jahr, der Inhalt angebrochener Gläser einige Monate. Die Zitronen immer mit Lake bedecken.

8. Die fertigen Zitronenschalen sind weich und schmecken sehr salzig. Zum Verwenden 1 kleines Stück einer Salzzitrone sehr fein hacken und in ein Gericht rühren. Ist das Gericht bereits salzig genug, die Zitrone zuvor mit Wasser abspülen.

Variante: Wenn Sie erst einmal herausfinden möchten, ob Sie Salzzitronen mögen, bereiten Sie doch die Schnellversion zu: 1 dünnschalige Bio-Zitrone in sehr feine Scheiben schneiden. In einem Topf mit 5 EL Wasser und 1 EL Salz 3–4 Min. kochen. Zitrone und Sud in ein Schraubglas füllen und 3 Tage im Kühlschrank ziehen lassen.

Tipp: Man kann die Salzzitronen zusätzlich mit Gewürzen aromatisieren: z. B. mit 1 Zimtstange, 1 Lorbeerblatt, Korianderkörnern, Kardamomkapseln, Pfefferkörnen oder Wacholderbeeren.

DOSA-PFANNKUCHENTEIG

Ergibt Teig für 6 Dosas
Zubereitung: 25 Min. + mind. 6 Std. Einweichen + mind. 12 Std. Fermentieren

Dosas sind große, dünne Pfannkuchen aus einem fermentierten Teig aus Reis und Linsen. Reis und Linsen werden für die Teigzubereitung eingeweicht und püriert. Durch ein gut zwölfstündiges Fermentieren bei warmer Temperatur wird der Teig leicht säuerlich. Klassisch werden indische Dosas mit einer Kartoffelfüllung serviert.

---

100 g Langkornreis • 50 g Urad Dal (s. Tipp) • Salz

---

1. Reis und Urad Dal nacheinander in ein Sieb geben und gründlich mit Wasser abspülen. Beides in getrennte Schüsseln geben. Jede Schüssel mit reichlich Wasser auffüllen – das Wasser soll Reis und Urad Dal mit mindestens 5 cm bedecken.

2. Reis und Urad Dal mindestens 6 Std. einweichen, z. B. über Nacht.

3. Das Urad Dal durch ein Sieb gießen und dabei die Flüssigkeit in einer Schüssel auffangen. Die Hülsenfrüchte mit ca. 2 EL Einweichwasser in einem Mixer mit Schneidemesser fein pürieren. Bei Bedarf noch 1 EL Wasser zugeben. Es soll eine dickflüssige Masse entstehen.

4. Mit dem Reis ebenso verfahren. Sollte die Reismasse ganz leicht körnig sein, ist das in Ordnung. Die zugegebenen Wassermengen hängen stark von den verwendeten Lebensmitteln und der Einweichdauer ab. Hier ist es am besten, sich auf die Konsistenz zu verlassen. Aus beiden Zutaten soll eine cremig-dickflüssige Masse entstehen. Im Zweifelsfall etwas zu dickflüssig mixen, denn verdünnen kann man später immer noch.

5. Die beiden Massen in einer großen Schüssel gründlich vermengen (der Teig geht während des Fermentierens etwas auf) und die Schüssel locker mit einem Teller oder einem Geschirrtuch abdecken (nicht luftdicht). Den Teig an einem warmen Ort (30° sind ideal) mindestens 12 Std. fermentieren lassen. An einem warmen Sommertag draußen im Schatten oder auf einem warmen Heizkörper funktioniert das sehr gut.

6. Nach 12 Std. ist der Teig etwas dickflüssiger, luftig aufgegangen und riecht leicht säuerlich. (Wird er nicht sofort verwendet, kann man ihn für einige Stunden in den Kühlschrank stellen). Den Teig mit 1 kräftigen Prise Salz würzen und gut durchrühren. Er soll einem dicken Pfannkuchenteig ähneln. Falls nötig, mit etwas Wasser verdünnen, damit man Dosas daraus backen kann (s. S. 90).

Tipp: Urdbohnen (Linsenbohnen, Black Gram Lentils) ähneln schwarzen Mungbohnen. Sie haben eine schwarze Schale und einen weißen Kern. In geschältem, halbiertem Zustand heißen sie Urad Dal oder Urid Dal und haben eine weißlich-gelbe Farbe. Man bekommt sie im Asialaden oder Bioladen.

DOSAS MIT KARTOFFELFÜLLUNG

Ergibt 6 Dosas (à 18–20 cm ∅)
Zubereitung: 45 Min.

Für die Füllung: *500 g Kartoffeln • 1 Zwiebel (ca. 130 g) • 2 EL Öl • 1 TL schwarze Senfkörner • 1 TL Kreuzkümmelsamen • 4 frische Curryblätter (aus dem Asialaden; nach Belieben) • 1 TL gemahlener Koriander • ½ TL gemahlene Kurkuma • 100 g TK-Erbsen • Salz • 3 Stängel Koriandergrün* **Außerdem:** *1 Portion Dosa-Pfannkuchenteig (s. S. 88) • Salz • 3 TL Öl*

---

1. Für die Füllung die Kartoffeln waschen und in einem Topf mit heißem Wasser bedeckt ca. 25 Min. garen. Abgießen, pellen, kurz auskühlen lassen und mit den Fingern grob zerbröseln.

2. Die Zwiebel schälen und in 1–2 cm große Würfel schneiden. Das Öl in einer großen Pfanne erhitzen. Senfkörner, Kreuzkümmel, und, falls verwendet, Curryblätter, hinzufügen und ca. 20 Sek. anrösten, bis die Senfkörner in der Pfanne zu springen beginnen. Vorsicht, die Curryblätter spritzen im Öl.

3. Die Zwiebel einrühren und ca. 5 Min. dünsten, bis sie goldgelb ist. Koriander und Kurkuma hinzufügen und kurz mit der Zwiebel vermengen.

4. Die TK-Erbsen und die zerbröselten Kartoffeln in die Pfanne geben, alles gut mischen und mit Salz abschmecken. Die Pfanne vom Herd nehmen und die Füllung bis zum Gebrauch zugedeckt ziehen lassen. Das Koriandergrün waschen, trocken tupfen und die Blätter abzupfen.

5. Der Dosa-Teig ist nach dem Fermentieren etwas dickflüssiger, sehr luftig und leicht säuerlich. Den Teig umrühren, etwas salzen und bei Bedarf ein paar EL Wasser zum Verdünnen einrühren, bis ein cremig-dicker Teig entsteht, ähnlich wie dicker Pfannkuchenteig.

6. Eine Pfanne ohne Öl bei mittlerer Hitze erhitzen. Die Pfanne kurz vom Herd nehmen und eine kleine Schöpfkelle Teig mittig in die Pfanne gießen. Den Teig von der Mitte aus mit dem Schöpflöffel in kreisförmigen Bewegungen nach außen verteilen und die Pfanne wieder auf die Herdplatte stellen. Es soll ein sehr dünner Pfannkuchen entstehen. Je dünner, umso knuspriger wird die Dosa.

7. Sobald die Oberfläche Bläschen wirft und trocknet, ca. ½ TL Öl auf die Dosa träufeln und mit einem Pfannenwender verstreichen. Falls die Dosa dick ist, einmal wenden. Sobald die Unterseite goldfarben ist, etwas Füllung auf einer Hälfte der Dosa verteilen, ein paar Korianderblätter daraufstreuen und die andere Teighälfte darüberklappen. Auf Teller geben und sofort genießen. Weitere fünf Dosas genauso backen und füllen.

SAUCEN, KRÄUTER & GEWÜRZE

TOMATENKETCHUP

Ergibt ca. 650 ml, Haltbarkeit: ca. 2 Monate
Zubereitung: 15 Min. + 45 Min. Kochen

Wenn Tomaten im Sommer Saison haben und am aromatischsten schmecken oder vielleicht sogar die selbst gezogenen Stauden üppige Erträge liefern, ist die beste Zeit, um Tomatenketchup zu machen. So weiß man genau, welche Zutaten enthalten sind, und das Ergebnis schmeckt um Welten besser als die Alternative aus dem Supermarkt.

---

1 kg reife Tomaten • 150 ml Weißweinessig • 55 g brauner Zucker • ¼ TL gemahlener Zimt • ½ TL gemahlener Koriander • 1 Knoblauchzehe • 1 Lorbeerblatt • 1,5 TL Worcester-Sauce • 2 EL Tomatenmark • Salz • ½ EL Senfpulver

---

1. Die Tomaten waschen und achteln. Die Stielansätze können dranbleiben.

2. Den Essig mit Zucker, Zimt und Koriander in einem Topf erhitzen und ca. 2 Min. köcheln lassen.

3. Nur die äußerste Haut des Knoblauchs entfernen und diesen mit der flachen Seite eines Messers sehr leicht andrücken, er soll nicht zerfallen. Tomatenachtel, angedrückten Knoblauch, Lorbeerblatt, Worcester-Sauce, Tomatenmark und ½ TL Salz in den Essig rühren.

4. Anschließend das Senfpulver durch ein feines Sieb dazugeben und unterrühren. Das Ketchup bei kleiner Hitze unter gelegentlichem Rühren offen ca. 30 Min. köcheln lassen.

5. Den Topf vom Herd nehmen, den Knoblauch und das Lorbeerblatt entfernen. Das Ketchup mit dem Pürierstab direkt im Topf pürieren.

6. Das Ketchup durch ein Passiersieb in eine Schüssel streichen oder durch die Flotte Lotte (Passiermühle) passieren. Das Ketchup zurück in den Topf geben und bei mittlerer Hitze unter häufigem Rühren in ca. 15 Min. dickflüssig einkochen.

7. Das Ketchup probieren und mit Salz abschmecken. Dann mithilfe eines Trichters heiß in vorbereitete Flaschen oder Gläser füllen und diese gleich verschließen. Im Kühlschrank gelagert, hält das Ketchup ungeöffnet ca. 2 Monate, angebrochene Flaschen einige Wochen.

Tipps: Wer Knoblauch im Ketchup nicht so gerne hat, kann die Knoblauchzehe durch 2 geschälte und halbierte Schalotten ersetzen. Diese müssen nicht angedrückt werden.

Wenn Sie das Ketchup einkochen, hält es ca. 1 Jahr. Dafür die Flaschen oder Gläser nicht ganz bis zum Rand füllen, den Rand sauber wischen und die Flaschen oder Gläser verschließen. In einen großen Topf mit Siebeinsatz oder Einlegeboden stellen und so viel heißes Wasser angießen, bis sie zu drei Vierteln im Wasser stehen. Alles zugedeckt langsam zum Kochen bringen. Das Ketchup bei 100° ca. 15 Min. einkochen.

BBQ-SAUCE

Ergibt ca. 400 ml, Haltbarkeit: ca. 1 Jahr
Zubereitung: ca. 30 Min.

Diese dickflüssige, typisch amerikanische BBQ-Sauce ist nicht zu süß und hat ein dezent rauchiges Aroma. Sie eignet sich perfekt als Sauce für Pulled-Pork-Sandwiches, aber auch als Burger-Sauce, zum Grillen oder generell als Ersatz für Ketchup. Wenn Sie die BBQ-Sauce nicht zusätzlich im Wasserbad einkochen, hält sie ungeöffnet im Kühlschrank ca. 1 Monat. Den Inhalt angebrochener Flaschen rasch aufbrauchen.

---

1 Zwiebel (ca. 100 g) • 1 Knoblauchzehe • ca. 2 EL Öl • 1,5 TL scharfes, geräuchertes Paprikapulver (s. Tipp) • ¾ TL gemahlener Koriander • 2 EL Tomatenmark • 3 EL Weißweinessig (ersatzweise Apfelessig) • 400 ml passierte Tomaten • 2 EL brauner Zucker • 1 EL Worcester-Sauce • 1 EL Dijon-Senf • 5 EL Orangensaft • Salz

---

1. Die Zwiebel und den Knoblauch schälen und fein würfeln. 1 EL Öl in einem Topf erhitzen und die Zwiebel darin bei mittlerer Hitze in 3–5 Min. goldgelb andünsten. Den Knoblauch dazugeben und 30 Sek. mitdünsten, er soll nicht bräunen.

2. Paprikapulver, gemahlenen Koriander und Tomatenmark hinzufügen und ca. 30 Sek. unter Rühren dünsten. Falls nicht genügend Öl im Topf ist, noch 1 EL dazugeben.

3. Das Ganze mit dem Essig ablöschen. Sofort die passierten Tomaten, Zucker, Worcester-Sauce, Senf und Orangensaft dazugeben. Alles verrühren und offen 10–15 Min. einkochen lassen. Die Sauce sollte ungefähr die Konsistenz von Ketchup haben. Mit ca. ½ TL Salz abschmecken.

4. Die BBQ-Sauce durch ein Sieb passieren. Wer sie dickflüssiger mag, kann sie auch mit einem Pürierstab direkt im Topf pürieren.

5. Die passierte Sauce zurück in den gesäuberten Topf geben und ca. 1 Min. köcheln lassen. Die heiße Sauce dann in saubere Flaschen oder Gläser füllen (bis 2 cm unter den Rand). Den Rand sauber wischen und die Gläser verschließen. In einen großen Topf mit Siebeinsatz oder Einlegeboden stellen und so viel heißes Wasser angießen, bis die Gläser zu drei Vierteln im Wasser stehen. Alles zugedeckt langsam zum Kochen bringen. Die BBQ-Sauce bei 100° ca. 20 Min. einkochen. Dann hält sie ca. 1 Jahr.

Info: Das scharfe, geräucherte Paprikapulver (Pimentón picante ahumado) ersetzt hier »Liquid Smoke«, eine Zutat, die in vielen BBQ-Saucen zum Einsatz kommt. Ersatzweise kann auch eine andere rauchige Zutat, wie z. B. Chipotle-Chilipulver, geräuchertes Salz oder eben das Original Liquid Smoke, zur Sauce gegeben werden. In großen, gut sortierten Supermärkten bekommt man diese besonderen Zutaten, ansonsten findet man sie im Fachgeschäft und natürlich online. Für mehr Schärfe können Sie noch 1 Prise Cayennepfeffer unterrühren.

KETJAP MANIS

Ergibt ca. 120 ml, Haltbarkeit: ca. 2 Monate
Zubereitung: 10 Min. + 15 Min. Abkühlen

---

1 Stück Ingwer (1 cm) • ½ TL Korianderkörner • 100 ml dunkle Sojasauce • 80 g brauner Zucker • ½ Sternanis • 2 Nelken • 1 Stück Zimtrinde (2 cm)

1. Den Ingwer schälen und in dünne Scheiben schneiden. Die Korianderkörner im Mörser oder mit einem Löffel leicht andrücken.

2. Ingwer, Korianderkörner, Sojasauce, Zucker, Sternanis, Nelken, Zimt und 2 EL Wasser in einem Topf erhitzen und unter gelegentlichem Rühren ca. 5 Min. köcheln lassen. Die Sauce soll dabei leicht eindicken.

3. Die Sauce mit den Gewürzen abkühlen lassen, dabei dickt sie weiter ein. Die Sauce durch ein Sieb gießen, die im Sieb verbleibenden Gewürze entsorgen. Das Ketjap Manis in eine Flasche oder ein Schraubglas füllen und kühl lagern. Die Sauce hält im Kühlschrank ca. 2 Monate.

Tipp: Ketjap Manis, auch als Kecap Manis oder süße Sojasauce bezeichnet, ist die populärste Würzsauce in Indonesien. Wörtlich übersetzt heißt Ketjap Manis »süße Sauce«. Sie ist süßer als herkömmliche Sojasauce und hat eine sirupartige Konsistenz. Die geschmacksintensive Sauce passt zu asiatischen Gerichten, etwa zu dem indonesischen Nationalgericht Nasi Goreng (gebratener Reis) oder Stir Fry aus dem Wok. Sie schmeckt aber auch über ein Spiegelei geträufelt, als Zutat in Fleischmarinaden oder als Ersatz für Ketchup.

BASILIKUM-WALNUSS-PESTO

Ergibt ca. 170 ml, Haltbarkeit: ca. 1 Monat
Zubereitung: ca. 25 Min.

---

2 Töpfe Basilikum • 20 g Walnusskerne • Salz • 25 g Parmesan • 15 g Pecorino (ersatzweise zusätzlicher Parmesan) • 5 EL Olivenöl • 15 g weiche Butter **Außerdem:** *Olivenöl zum Bedecken*

1. Die Basilikumstängel abschneiden, waschen und trocken schütteln. Die Blätter von den groben Stielen abzupfen, feine Stiele mitverwenden. Etwa 65 g Basilikum abwiegen.

2. Die Walnüsse fein hacken und in einen Mörser geben. 1 Handvoll Basilikumblätter grob zerzupfen und ebenfalls in den Mörser geben. Etwa ½ TL Salz hinzufügen und alles zerstoßen. Nach und nach immer wieder Basilikum dazugeben und zermahlen. Die Zutaten dürfen etwas stückig sein.

3. Parmesan und Pecorino fein reiben und mit dem Olivenöl in den Mörser geben. Die Butter in kleinen Stücken dazugeben und mit einem Löffel oder den Fingern in das Pesto einarbeiten.

4. Das fertige Pesto in ein vorbereitetes Glas füllen und mit Olivenöl bedecken. Das Glas verschließen und im Kühlschrank lagern. Durch die Butter wird das Pesto im Kühlschrank etwas fester, auf heißer Pasta verflüssigt es sich wieder. Es kann sich an der Oberfläche bräunlich färben, das hat keinen Einfluss auf Geschmack und Haltbarkeit.

Tipp: Wenn es schnell gehen soll, Basilikum, Walnüsse, Parmesan und Pecorino in groben Stücken, Butter, Olivenöl und Salz im Blitzhacker kurz zerkleinern. Nicht zu lange mixen, das Olivenöl kann bitter werden. Für mehr Struktur ein Viertel der Basilikumblätter und des Käses später dazugeben.

ZHOUG

Ergibt ca. 200 ml, Haltbarkeit: ca. 1 Woche
Zubereitung: ca. 20 Min.

---

1 großes Bund Koriandergrün (40 g) • 3 grüne Chilischoten (ersatzweise ½ kleine grüne Paprika) • 2 Knoblauchzehen • ½ TL gemahlener Kreuzkümmel • ½ TL gemahlener Koriander • ½ TL gemahlener Kardamom • Salz • 3 EL Olivenöl

---

1. Das Koriandergrün waschen und trocken schütteln. Grobe Stängel entfernen, feine Stängel und die Blätter grob hacken.

2. Die Chilischoten waschen, halbieren, weiße Trennwände und Kerne entfernen und die Hälften in grobe Stücke schneiden. Den Knoblauch schälen und halbieren.

3. Gehacktes Koriandergrün, Chilis, Knoblauch und die gemahlenen Gewürze sowie ½ TL Salz und das Öl in einen Blitzhacker geben und so lange zerkleinern, bis eine cremige Mischung entsteht. Wenn die Paste zu fest oder zu trocken ist, noch 1–3 EL Wasser untermixen.

4. Die Mischung in ein vorbereitetes Glas füllen und im Kühlschrank lagern.

Tipp: Die scharfe Würzpaste Zhoug stammt ursprünglich aus Jemen, ist aber auch in Israel und Syrien sehr populär – und neuerdings auch in Europa und den USA. Die grüne Paste passt perfekt zu Falafel oder Shakshuka, sie peppt aber auch jedes andere Gericht auf, das etwas Würze benötigt, etwa Salatdressings, Rühreier oder Sandwiches.

MOJO VERDE

Ergibt 130 ml, Haltbarkeit: ca. 1 Monat
Zubereitung: 20 Min.

1 großes Bund Petersilie (50 g) • 1 kleines Bund Koriandergrün (20 g) • 2 Knoblauchzehen • 2 EL Weißweinessig • Salz • ca. 75 ml Olivenöl **Außerdem:** *Olivenöl zum Bedecken (nach Bedarf)*

1. Die Petersilie und das Koriandergrün waschen und trocken schütteln. Grobe Stängel entfernen – die feinen können verwendet werden. Die Kräuter und feinen Stängel grob hacken.

2. Den Knoblauch schälen und halbieren.

3. Die Kräuter und den Knoblauch in einen Mixer mit Schneidemesser geben. Den Essig, ½ TL Salz und das Olivenöl dazugeben und alle Zutaten pürieren, bis eine cremige Mischung entsteht. Bei Bedarf noch etwas Olivenöl untermixen.

4. Die Mojo in ein vorbereitetes Glas füllen. Wenn sie nicht zum sofortigen Verzehr gedacht ist, mit Olivenöl bedecken und im Kühlschrank lagern.

Tipp: Mojo verde kommt von den kanarischen Inseln. Die Sauce wird traditionell zu »Papas arrugadas«, kleinen gebackenen Salzkartoffeln in der Schale, serviert. Sie passt aber wirklich zu fast allem, auch – und besonders gut – auf Käsepizza.

BRÜHPULVER

Ergibt ca. 200 ml, Haltbarkeit: ca. 6 Monate
Zubereitung: 30 Min. + 3,5 Std. Trocknen

Bei selbst gemachtem Gemüsebrühpulver weiß man genau, welche Zutaten es enthält. Es ist daher der perfekte Ersatz für gekaufte körnige Brühe und Brühwürfel, die in der Regel künstliche Geschmacksverstärker enthalten. Dieses feine Brühpulver enthält außerdem gar kein Salz und kann daher auch in Gerichten verwendet werden, die zwar etwas Würze, aber keine zusätzliche Salzbeigabe benötigen.

---

3 Möhren (220 g) • 1 dicke Scheibe Sellerie (140 g) • 1 Bund Frühlingszwiebeln (200 g) • ¼ Stange Lauch (70 g) • ½ Bund Petersilie (25 g)

---

1. Möhren und Sellerie putzen, waschen und grob zerkleinern. Die Frühlingszwiebeln putzen, waschen und ebenfalls grob zerkleinern. Den Lauch ebenfalls putzen, waschen und grob zerkleinern. Die Petersilie waschen und trocken schütteln, grobe Stängel entfernen. Möhren, Sellerie, Frühlingszwiebeln, Lauch und Petersilie in einen Mixer mit Schneidemesser geben und sehr fein pürieren.

2. Ein Passiersieb auf eine große Schüssel setzen und das pürierte Gemüse in das Sieb geben. Den Gemüsebrei mit einem Löffel in das Sieb drücken, um so viel Flüssigkeit wie möglich herauszupressen. Auf diese Weise verliert das Gemüse rund die Hälfte des Wassers. Das verkürzt die Trockenzeit im Backofen beträchtlich.

3. Die krümelige Gemüsemasse ganz gleichmäßig und so flach wie möglich auf einem mit Backpapier ausgelegten Backblech verteilen.

4. Das Blech in den Ofen schieben (Mitte) und das Gemüse bei 60° (Umluft) mit einem in die Ofentür geklemmten Kochlöffel ca. 3,5 Stunden trocknen lassen. Nach ca. 1 Std. die Masse wenden und größere Stücke zu Bröseln auseinanderstechen. Den Vorgang noch zwei- oder dreimal wiederholen, bis die Masse trocken ist. Die Dauer hängt auch davon ab, wie feucht das Gemüse zu Beginn des Trockenvorgangs noch war.

5. Den Backofen abschalten und das Brühpulver auf dem Blech im Ofen abkühlen lassen. Wenn das Pulver vollständig ausgekühlt ist, in einen Mixer geben und fein zerkleinern. Das Brühpulver in einem luftdichten Schraubglas aufbewahren.

Tipp: Für 500 ml Brühe braucht man ca. 1 gehäuften TL Brühpulver. Nach Belieben und Geschmack Salz dazugeben.

Selbst gemachtes Brühpulver aus frischem Gemüse ist eine gesunde Alternative zu gekauften Suppenwürfeln und Co.

GARAM MASALA

Ergibt ca. 90 ml, Haltbarkeit: mind. 1 Jahr
Zubereitung: 15 Min.

2 EL Korianderkörner • 3 EL Kreuzkümmelsamen • 3 Nelken • ½ TL schwarzer Pfeffer (frisch gemahlen) • ½ TL gemahlener Zimt • ¼ TL gemahlener Kardamom

1. Die Korianderkörner in einer kleinen Pfanne ohne Fett bei mittlerer Hitze unter ständigem Rühren anrösten, bis sie beginnen zu duften und etwas dunkler werden. Die Korianderkörner herausnehmen und abkühlen lassen.

2. Anschließend die Kreuzkümmelsamen in der Pfanne ohne Fett bei mittlerer Hitze anrösten, bis sie duften (die Gewürze nicht zusammen rösten, sie benötigen unterschiedlich lange). Den Kreuzkümmel ebenfalls kurz abkühlen lassen.

3. Die gerösteten Gewürze sowie die Nelken zusammen in einem Mörser zu Pulver zerstoßen oder in einer Gewürzmühle mahlen. Pfeffer, Zimt und Kardamom gründlich untermengen.

4. Das Garam Masala in einem Schraubglas oder einem anderen dicht verschließbaren Gefäß aufbewahren, damit das Aroma länger erhalten bleibt.

Tipp: Garam Masala ist die wichtigste Gewürzmischung in Indien und kommt in sehr vielen Gerichten zum Einsatz. Jede Region und Familie hat ihr eigenes – oft geheim gehaltenes – Rezept. Darum weichen die Aromen stark voneinander ab.

PULLED PORK RUB

Ergibt Rub für 2 kg Fleisch, Haltbarkeit: mind. 1 Jahr
Zubereitung: 15 Min.

---

2 TL Korianderkörner • 1 TL Kreuzkümmelsamen • Salz • 2 EL schwarzer Pfeffer (frisch gemahlen) • 1 EL brauner Zucker • 2 TL scharfes, geräuchertes Paprikapulver • 2 TL Chipotle-Chilipulver (ersatzweise mehr Paprikapulver) • 2 TL Chilipulver (Gewürzmischung)

1. Die Korianderkörner in einer kleinen Pfanne ohne Fett bei mittlerer Hitze unter ständigem Rühren anrösten, bis sie beginnen zu duften und etwas dunkler werden. Herausnehmen und abkühlen lassen. Anschließend die Kreuzkümmelsamen in der Pfanne ohne Fett bei mittlerer Hitze anrösten, bis sie duften (die Gewürze nicht zusammen rösten, sie benötigen unterschiedlich lange).

2. Die gerösteten Gewürze auskühlen lassen und fein mörsern oder in einer Gewürzmühle mahlen. Dann mit 1,5 EL (20 g) Salz, Pfeffer, Zucker und den anderen Gewürzen gründlich vermengen.

3. Den Rub entweder sofort verwenden oder in einem dicht schließenden Glas aufbewahren.

Tipp: Der Rub lässt sich auch gut in größeren Mengen auf Vorrat zubereiten. Er eignet sich nicht nur perfekt zum Würzen von Pulled Pork, sondern ist ein Allrounder in der Gewürzschublade: Er passt zu allen Gerichten, die eine leicht rauchige Note vertragen, wie gegrilltes Fleisch, Tacos, Chili con oder sin Carne, Eintöpfe oder Röstgemüse.

PULLED PORK BUNS MIT ROTKOHL-SLAW

Ergibt 1,2 kg Pulled Pork (für 24 kleine Buns)
Zubereitung: 40 Min. + mind. 1 Std. Marinieren + ca. 3 Std. Garen

---

Für das Fleisch: *2 kg Schweineschulter (ohne Knochen) • 1 Rezept Pulled Pork Rub (s. S. 105) • 2 EL Öl • 350 ml klare Gemüsebrühe • 3 EL BBQ-Sauce (nach Belieben; s. S. 96 oder Fertigprodukt)* **Für den Rotkohl-Slaw:** *½ Kopf Rotkohl (500 g) • 1 große Möhre (120 g) • Salz • 2 TL Zucker • 4 EL Weißweinessig • 4 EL Sonnenblumenöl • 2 TL Dijon-Senf • 1 TL Honig* **Außerdem:** *24 kleine Brioche-Buns (selbst gemacht s. S. 150 oder Fertigprodukt) • BBQ-Sauce (selbst gemacht s. S. 96 oder Fertigprodukt) • 3 Handvoll zarte Spinatblätter*

---

1. Für das Pulled Pork das Fleisch trocken tupfen und in acht Stücke schneiden. In eine große Schüssel geben und rundherum gleichmäßig mit dem Rub bestreuen, den Rub mit den Händen kurz einmassieren. Das Fleisch zugedeckt mind. 1 Std., am besten über Nacht, im Kühlschrank marinieren.

2. Das Öl in einem Bräter (oder einem ofenfesten Topf) erhitzen. Das Fleisch portionsweise hineingeben und auf dem Herd bei mittlerer bis großer Hitze pro Seite ca. 2 ½ Min. anbraten, bis es braun ist. Angebratenes Fleisch herausnehmen und beiseitestellen. Den Backofen auf 160° (Ober-/Unterhitze) vorheizen.

3. Wenn alle Fleischstücke angebraten sind, die gesamte Menge in den Bräter geben. Die Brühe dazugießen und zum Kochen bringen. Den Deckel auflegen und den Bräter in den Ofen (Mitte) schieben. Das Fleisch ca. 2 Std. garen. Nach 2 Std. regelmäßig prüfen, ob noch Flüssigkeit im Bräter ist und ob das Fleisch durch ist. Bei Bedarf Wasser angießen und das Fleisch fertig garen. Die gesamte Garzeit beträgt meist ca. 3 Std.

4. Inzwischen für den Rotkohl-Slaw den Kohl putzen und längs durchschneiden. Die Viertel in feine Streifen schneiden. Die Möhre putzen, schälen und in Juliennestifte schneiden oder grob raspeln. Rotkohl und Möhre mit ½ TL Salz und dem Zucker ca. 2 Min. kneten, bis das Gemüse weicher ist. Essig, Öl, Senf, Honig und ½ TL Salz zu einem Dressing vermengen. Gemüse und Dressing verrühren, den Slaw mit Salz abschmecken und zugedeckt ca. 30 Min. kühl stellen.

5. Mit einer Gabel prüfen, ob das Fleisch fertig ist. Es soll sich sehr leicht teilen lassen. Das Fleisch aus dem Bräter nehmen, kurz abkühlen lassen und mit zwei Gabeln noch heiß in kleine Stücke zupfen. Etwa 200 ml Bratensaft mit dem Pulled Pork vermengen, so wird es noch saftiger. Nach Belieben auch die BBQ-Sauce unterrühren.

6. Die Brioche-Buns halbieren, die Schnittflächen antoasten (mehrere zugleich am besten unter dem Backofengrill), mit Pulled Pork, etwas BBQ-Sauce, Spinatblättern und Rotkohl-Slaw füllen.

BURGER DRY RUB

Ergibt Rub für 6 Burger-Patties, Haltbarkeit: mind. 1 Jahr
Zubereitung: 10 Min.

---

1 TL Korianderkörner • 1 TL gelbe Senfkörner • 1 TL brauner Zucker • 2 TL schwarzer Pfeffer (grob gemahlen) • Salz

---

1. Zuerst die Korianderkörner, dann die Senfkörner in einem Mörser, mit einem scharfen Messer oder in einem Mixer grob zerkleinern. Die Gewürze nicht zusammen zerkleinern, da Senfkörner wesentlich härter sind und sonst die Korianderkörner zu Pulver gemahlen sind, noch bevor die Senfsamen überhaupt zerkleinert werden.

2. Die zerkleinerten Koriander- und Senfkörner mit dem braunen Zucker, dem Pfeffer und 1 TL Salz in einer kleinen Schüssel gründlich vermengen.

3. Den Burger Dry Rub entweder sofort verwenden oder in einem dicht schließenden Glas aufbewahren. Er lässt sich auch hervorragend in größeren Mengen auf Vorrat zubereiten.

Tipp: Dieser Rub eignet sich perfekt zum Würzen von Burger Patties. Die Patties dafür auf beiden Seiten mit dem Rub bestreuen und diesen leicht andrücken. Die Patties anschließend grillen.

Info: Dieses Rezept ist an den klassischen Pastrami-Rub angelehnt und kann natürlich auch zum Würzen von selbst gemachtem Pastrami verwendet werden. Das in den USA sehr beliebte Pastrami – gepökeltes, geräuchertes Rindfleisch – wird dünn aufgeschnitten meist im Sandwich serviert.

ZATAR-GEWÜRZMISCHUNG

Ergibt ca. 70 ml, Haltbarkeit: ca. 6 Monate
Zubereitung: 5 Min.

---

2 EL heller Sesam • 1 EL getrockneter, gerebelter Thymian • 1 EL getrockneter, gerebelter Majoran • 1 EL getrockneter, gerebelter Oregano • 1 EL gemahlener Sumach (s. Tipp) • Salz **Außerdem:** *Olivenöl*

1. Den Sesam in einer kleinen Pfanne ohne Fett unter Rühren anrösten, bis er golden ist. Herausnehmen und abkühlen lassen.

2. Den Sesam mit Thymian, Majoran, Oregano, Sumach und ½ TL Salz in einem Schälchen gut vermengen und in ein Schraubglas oder ein anderes dicht schließendes Gefäß geben, damit das Aroma länger erhalten bleibt.

3. Zatar schmeckt am besten mit etwas Olivenöl vermengt. Die Mischung beispielsweise zum Dippen mit knusprigem Weißbrot verwenden, über Joghurt, Labneh und Feta träufeln oder gedünstetes oder geröstetes Gemüse damit aufpeppen.

Info: Zatar, auch Zaatar oder Za'atar, ist ein Kraut, das wildem Thymian und Majoran ähnelt. Es stammt aus dem Nahen Osten. Das Kraut gibt der mittlerweile sehr verbreiteten Gewürzmischung, in der es Bestandteil ist, ihren Namen. Nachdem es kaum exportiert wird, kann es für die Gewürzmischung durch getrockneten, zerkleinerten Thymian oder eine Mischung aus Thymian, Majoran, Oregano und/oder Bohnenkraut ersetzt werden.

Tipp: Sumach ist ein Gewürz mit zitronig-säuerlichem Geschmack. Die rote Sumachfrucht wird für das Gewürz getrocknet und zerkleinert. Man bekommt Sumach im Gewürzladen oder Onlinehandel. Als Ersatz kann abgeriebene, getrocknete Zitronenschale verwendet werden.

DUKKAH

Ergibt ca. 260 ml, Haltbarkeit: ca. 1 Monat
Zubereitung: 30 Min.

Dukkah stammt ursprünglich aus Ägypten, hat sich aber mittlerweile über den Nahen und Mittleren Osten in die ganze Welt verbreitet. Klassisch wird ein Stück Fladen- oder Weißbrot in etwas Olivenöl und anschließend in ein Schälchen mit Dukkah gedippt. Durch das Öl hält das Gewürz auf dem Brot. Dukkah schmeckt aber auch als Gewürzmischung über geröstetem Gemüse, einem weichen Ei, einem Brot mit Avocado oder über Salat: eigentlich überall, wo etwas Würze und Crunch erwünscht sind.

---

80 g Haselnusskerne • 2 EL Sonnenblumenkerne • 3 EL Korianderkörner • 2 EL Kreuzkümmelsamen • 2 EL heller Sesam • 1 TL schwarzer Pfeffer (grob gemahlen) • Salz

---

1. Die Haselnüsse in einer Pfanne ohne Fett bei mittlerer Hitze unter ständigem Rühren 10–15 Min. anrösten, bis sie duften, leicht gebräunt sind und die Haut sich zu lösen beginnt. (Alternativ die Haselnüsse auf einem Blech im Backofen bei 180° (Umluft) rösten, dabei ab und zu wenden.)

2. Die gerösteten Nüsse aus der Pfanne bzw. dem Backofen nehmen, in eine Schüssel geben und auskühlen lassen.

3. Sonnenblumenkerne, Korianderkörner, Kreuzkümmelsamen und Sesam ebenfalls getrennt nacheinander in der Pfanne anrösten, bis sie duften und leicht gebräunt sind. Die gerösteten Zutaten getrennt voneinander auskühlen lassen.

4. Die braune Haut der Haselnüsse mit einem Geschirrtuch etwas von den Haselnüssen abrubbeln. Das muss aber nicht allzu pingelig geschehen.

5. Jede der gerösteten Zutaten nacheinander im Mörser oder in einem Mixer zerkleinern. Die Nüsse und Samen sollen nicht zu Pulver gemahlen werden, sondern noch leicht stückig sein. Die unterschiedliche Größe der Zutaten im fertigen Gewürz verleiht Dukkah die interessante Struktur. Gerade im Mixer passiert es schnell, dass die Zutaten zu Pulver gemahlen werden, daher am besten sehr vorsichtig beim Zerkleinern vorgehen.

6. Alle zerkleinerten Gewürze mit dem Pfeffer und ½ TL Salz vermengen. In einem Schraubglas aufbewahren und innerhalb eines Monats aufbrauchen.

Tipp: Dukkah eignet sich perfekt zum Experimentieren, da Sie die Zutaten an Ihre eigenen Geschmacksvorlieben anpassen können. Statt Haselnüssen können Walnüsse oder Mandeln verwendet werden, die Sonnenblumenkerne lassen sich durch Kürbiskerne oder Pistazien ersetzen. Je 1 TL Fenchelsamen, Schwarzkümmel und Chiliflocken sind eine stimmige Erweiterung der Gewürzpalette.

KRÄUTERMISCHUNG AUS GETROCKNETEN KRÄUTERN

Ergibt 100 ml, Haltbarkeit: mind. 1 Jahr
Zubereitung: 15 Min. + Kräuter trocknen

Selbst gemachte Kräutermischungen schmecken köstlich in Salaten und Dressings oder zum Würzen von Käse, Gemüse und Eiern. Diese Mischung enthält kein Salz, damit Sie sie auch verwenden können, wenn kein zusätzliches Salz erwünscht ist. Sie bekommen die getrockneten Blätter und Blüten in der Apotheke, im Onlinehandel und manche im Supermarkt. Noch besser wird die Mischung mit selbst gesammelten Kräutern (s. Tipps).

---

3 EL getrocknete Brennnesselblätter • 2 EL getrocknete Petersilienblätter • 1 EL getrocknete Oreganoblätter (am besten mit Blüten) • 2 TL getrocknete Thymianblätter (am besten mit Blüten) • 1 TL getrocknete Basilikumblätter • 1 TL getrocknete Ringelblumenblüten • ½ TL getrocknete Kornblumenblüten

---

1. Die getrockneten Kräuter von den Stängeln zupfen. Das intensivste Aroma geben Blätter ab, wenn sie kurz vor Gebrauch zerkleinert werden. Die angegebenen Mengen sind daher relativ klein.

2. Die Blätter jeder Kräutersorte zwischen den Fingern zerreiben. Die in der Zutatenliste angegebenen Mengen abmessen und vermischen. Die Kräutermischung dicht verschlossen, z. B. in einem Schraubglas, aufbewahren. Sie hält sehr lange, verliert aber mit der Zeit an Aroma.

Tipps: Die Kräuter in einer sauberen Umgebung sammeln und die Blätter auf Unreinheiten kontrollieren. Manche Kräuter verlieren durch die Blütenbildung etwas an Aroma. In der Regel ist es daher am besten, Kräuter vor der Blüte zu sammeln. Für Kräutermischungen wie diese können auch getrocknete Blüten der Kräuter hinzugefügt werden.

Jede Kräuterart zu einem Bündel zusammenbinden, kopfüber an einem trockenen, schattigen, luftigen und warmen Ort aufhängen und trocknen lassen. Die Kräuter müssen vor Verwendung unbedingt vollständig getrocknet sein, sonst können sie später bei der Lagerung Schimmel bilden. Blütenköpfe wie Ringel- oder Kornblumen, knapp unter den Blüten abschneiden und auf einem Blech trocknen, das mit einem Tuch oder mit Backpapier ausgelegt ist.

Kräuter mit dünnen Blättern wie Minze, Zitronenmelisse, Thymian und Oregano trocknen innerhalb von 1–2 Tagen. Kräuter mit dickeren Blättern, wie beispielsweise Salbei oder Basilikum, benötigen dementsprechend länger. Alternativ können die Kräuter auch im Backofen bei 50–60° (Umluft) mit einem in die Ofentür geklemmten Kochlöffelstiel oder im Dörrapparat getrocknet werden.

Aus dieser Gewürzmischung lässt sich auch ein Kräutersalz herstellen. Dafür 5 g Kräutermischung mit 40 g Salz vermengen. Das Verhältnis von Kräutern zu Salz kann natürlich nach Geschmack abgewandelt werden.

KRÄUTERTEEMISCHUNG

Ergibt ca. 15 Tassen Tee, Haltbarkeit: mind. 1 Jahr
Zubereitung: 15 Min. + Kräuter trocknen

2 EL getrocknete Minze (ersatzweise Pfefferminze) • 2 EL getrocknete Zitronenmelisse • 1 EL getrockneter Salbei • 1 EL getrocknete Kamillenblüten

1. Die Blätter der getrockneten Kräuter von den Stängeln zupfen. Das intensivste Aroma geben sie ab, wenn die Blätter frisch vor der Zubereitung des Tees zerkleinert werden. Die im Rezept angegebenen Mengen sind daher relativ klein.

2. Die Kräuterblätter zwischen den Fingern zerreiben oder im Mixer zerkleinern. Die Kamillenblüten kann man ganz lassen. Die in der Zutatenliste angegebenen Mengen abmessen und vermischen. Die Teemischung dicht verschlossen, z. B. in einem Schraubglas, aufbewahren.

3. Pro Tasse ca. 1 leicht gehäuften TL Kräuterteemischung mit kochendem Wasser aufgießen und zugedeckt 10 Min. ziehen lassen.

Tipps: Sie bekommen alle Kräuter in der Apotheke, können sie aber natürlich auch selbst sammeln.

1 EL getrocknete, zerkleinerte Brombeerblätter oder Blätter der Schwarzen Johannisbeere sind eine gute Ergänzung für diesen Tee.

Variante: Diese Kräuterteemischung schmeckt nicht nur heiß, sondern lässt sich auch hervorragend als Kräuter-Eistee genießen. Dafür den fertigen Tee abkühlen lassen, für einige Stunden in den Kühlschrank stellen und mit Eiswürfeln servieren. Wer gerne süßeren Eistee hat, rührt in den noch warmen Tee etwas Zucker ein.

CHAI – GEWÜRZTEEMISCHUNG

Ergibt ca. 12 Tassen Tee, Haltbarkeit: mind. 1 Jahr
Zubereitung: 20 Min.

---

10 grüne Kardamomkapseln • ½ TL Fenchelsamen • 1 Zimtstange (ca. 10 cm) • ½ Sternanis • 10 Nelken • 5 schwarze Pfefferkörner • ¾ TL gemahlener Ingwer

---

1. Die Kardamomkapseln aufbrechen und die Samen herauslösen. Die Kapseln wegwerfen. Die Kardamom- und die Fenchelsamen in einer Pfanne ohne Fett bei mittlerer Hitze unter Rühren kurz rösten, bis sie zu duften beginnen oder die Fenchelsamen sehr leicht gebräunt sind. Aus der Pfanne nehmen und auf einem Teller abkühlen lassen.

2. Die Zimtstange ein paarmal durchbrechen und die Zacken des Sternanises abbrechen. Beides zusammen mit Nelken und Pfefferkörnern in der Pfanne rösten, bis alles fein duftet, dann herausnehmen und abkühlen lassen.

3. Die abgekühlten Gewürze (zuerst Kardamom und Fenchel) in einem Mörser grob zerstoßen oder in einer Gewürzmühle mahlen. Zimt, Sternanis, Nelken und Pfeffer gemeinsam zerkleinern. Alles mischen und den Ingwer unterrühren. Die Gewürzteemischung sofort verwenden (s. Tipp) oder in einem dicht schließenden Glas aufbewahren.

Tipp: Für 1 l Chai Latte ca. 800 ml Wasser mit einem Drittel der Gewürzmischung in einem Topf zugedeckt ca. 10 Min. köcheln lassen. 3 Beutel Schwarztee dazugeben und die Mischung bei kleiner Hitze zugedeckt 5 Min. köcheln lassen. Teebeutel entfernen. 200 ml Milch, 1 Prise Salz und 1–2 EL Zucker dazugeben. Den Chai erhitzen, bis er fast kocht, dann durch ein Sieb in Tassen gießen. Nach Belieben mit Milchschaum servieren.

APPLE CIDER SYRUP

Ergibt ca. 150 ml, Haltbarkeit: ca. 3 Monate
Zubereitung: 5 Min. + 40 Min. Kochen

1 l Apfelsaft • 1 kleine Zimtstange

1. Einen Topf mit rund 2 l Fassungsvermögen mit ca. 150 ml Wasser füllen. Die Füllhöhe merken, denn auf diese Menge soll der Apfelsaft eingekocht werden. Das Wasser weggießen.

2. Den Apfelsaft und die Zimtstange in den Topf geben und bei großer Hitze offen ca. 40 Min. auf 100–180 ml (s. Tipp) einkochen lassen. Während der ersten 30 Min. ab und zu umrühren, je dicker der Apfelsaft einkocht, desto öfter muss gerührt werden. Gegen Ende die Hitze etwas reduzieren und häufig umrühren.

3. Bei naturtrübem Saft finden sich im Sirup manchmal Ablagerungen. Bei Bedarf den heißen Sirup durch ein feines Sieb gießen.

4. Die Zimtstange entfernen und den heißen Sirup in eine kleine Flasche oder ein Glas füllen. Flasche oder Glas verschließen und den Sirup abkühlen lassen. Im Kühlschrank hält er ca. 3 Monate. Er dickt in kühlem Zustand weiter ein.

Tipp: Auf 100 ml eingekocht, entsteht ein sehr dicker Sirup, der wie Honig als Brotaufstrich verwendet werden kann. Auf 180 ml eingekocht ist es ein dünnflüssiger, feiner Sirup, den man zum Süßen von Waffeln, Pancakes, Tee, Joghurt oder Eiscreme verwenden kann.

VANILLEEXTRAKT

Ergibt ca. 300 ml, Haltbarkeit: unbegrenzt
Zubereitung: 5 Min. + 2–6 Monate Ruhen

---

6 Vanilleschoten • 300 ml Wodka

1. Die Vanilleschoten längs mit einem Messer aufschneiden und auf drei kleine Flaschen verteilen. Die Schoten bei Bedarf einige Male durchschneiden, damit sie ständig von Alkohol bedeckt sind.

2. Die Schoten mit dem Wodka aufgießen, die Flaschen verschließen und die Mischung mindestens 2 Monate ziehen lassen. Erst nach 6 Monaten ist das ideale Ergebnis erreicht.

3. Die Vanilleschoten im Alkohol belassen. Bei Bedarf die benötigte Menge des Extrakts entnehmen. Sinkt die Alkoholmenge ab, wieder mit Wodka aufgießen. Die benutzten Vanilleschoten können einige Male mit Alkohol aufgegossen werden, bevor ihr Aroma merklich schwächer wird.
In diesem Fall eine neue Schote dazugeben.

Tipp: Vanilleextrakt eignet sich als Alternative zu Vanillezucker gut zum Backen: etwa für Kuchen, süße Hefeteige oder Muffins. Meist werden nur teelöffelgroße Mengen benötigt. In allen Rezepten, in denen ein Vanillearoma erwünscht ist, sich Vanillezucker aber zu langsam auflöst, wie etwa in Frostings, Cremes oder geschlagener Sahne, ist Vanilleextrakt die bessere Wahl.

RAFFINIERTES AUS

MILCH & EIERN

JOGHURT

Ergibt ca. 900 g, Haltbarkeit: 1–2 Wochen
Zubereitung: 20 Min. + 8 Std. Fermentieren

Zum Herstellen von Joghurt braucht man nichts weiter als Milch und ein paar Löffel Joghurt als Starterkultur. Dieser Vorgang funktioniert auch ganz ohne Thermometer, spezielle Joghurtkulturen oder Joghurtbereiter. Innerhalb weniger Stunden fermentiert die Milch zu Joghurt. Einfacher geht's nicht!

2 EL Joghurt (45 g; 3,6 % Fett) • 1 l Vollmilch

MILCH EINKOCHEN: Den Joghurt aus dem Kühlschrank nehmen und in einer Schüssel auf Zimmertemperatur bringen. Inzwischen die Milch in einen Topf geben, aufkochen und unter häufigem Rühren ca. 10 Min. köcheln lassen, damit Flüssigkeit verdampft und der Joghurt dicker wird.

Die Milch in 15–30 Min. auf 45–49° abkühlen lassen. Wer kein Thermometer hat, taucht nach ca. 15 Min. einen Finger in die Milch – sie sollte sich heiß anfühlen, aber einige Sekunden sollte man es problemlos aushalten können.

GLÄSER VORBEREITEN: Kurz bevor die Milch auf die genannte Temperatur abgekühlt ist, die Gläser vorbereiten. Dafür mehrere kleine Gläser mit Schraubdeckel heiß ausspülen, damit die Mischung nach dem Einfüllen nicht sofort abkühlt. Etwa 100 ml der warmen Milch (Menge schätzen) in die Schüssel mit dem Joghurt gießen und mit einem Schneebesen gründlich unterrühren (Bild 1). Diese Mischung anschließend in den Topf mit der übrigen Milch geben und kurz umrühren.

Die Gläser mit der warmen Milchmischung füllen (Bild 2) und mit einem Deckel verschließen. Die Gläser rundherum mit einem Geschirrtuch oder Handtuch umwickeln (Bild 3), sie sollen gut isoliert sein, damit die Milch so lange wie möglich die Temperatur hält. 43–45° sind die Idealtemperatur.

FERMENTIEREN LASSEN: Die Gläser mit der Mischung 8 Std. stehen lassen. Je wärmer die Umgebung, desto schneller wandelt sich die Milch in Joghurt um. Ist er noch zu flüssig, lässt man das Ganze noch ein paar Stunden länger stehen. Standorte wie ein lauwarmer Heizkörper oder ein Backofen mit eingeschalteter Lampe sind ideal. Aber auch bei warmer Zimmertemperatur funktioniert die Fermentation gut.

Je länger man den Joghurt fermentieren lässt, desto saurer wird er. Wenn Konsistenz und Geschmack angenehm sind, den Joghurt in den Kühlschrank stellen, dort wird er noch etwas fester. Der selbst gemachte Joghurt ist stichfest. Wer einen cremigen Joghurt bevorzugt, rührt ihn einfach mit einem Schneebesen durch.

1

2

3

FRAGEN & ANTWORTEN
JOGHURT

Der Joghurt ist nach der abgeschlossenen Fermentation stichfest (im Bild rechts). Bevorzugt man cremigen Joghurt, rührt man diesen kurz mit einem Schneebesen durch (im Bild links).

WIE ERHÄLT MAN STICHFESTEN JOGHURT?
Lässt man die Milch einige Minuten kochen, verdampft Wasser, was zur Folge hat, dass der Joghurt dicker ist. Stichfester Joghurt reift direkt im Becher und wird danach nicht mehr gerührt.

WELCHEN JOGHURT SOLL MAN ALS STARTERKULTUR VERWENDEN?
Naturjoghurt mit lebendigen Kulturen, aber ohne Zusatzstoffe. Am besten den Joghurt zum Impfen nehmen, den man gerne mag, denn der selbst gemachte Joghurt wird ähnlich schmecken.

KANN ICH DEN GESCHMACK BEEINFLUSSEN (VON MILD BIS SAUER)?
Ja! Je nach Fermentationsdauer und -temperatur hat der Joghurt einen unterschiedlichen Säuregrad. Je länger die Fermentationsdauer und je wärmer die Umgebung, desto saurer wird der Joghurt. Nach ein paar Versuchen hat man den Dreh für seinen persönlichen Favoriten heraus.

WARUM MUSS ICH DIE MILCH ÜBERHAUPT ERHITZEN, WENN ICH SIE DANN WIEDER ABKÜHLEN LASSE?
Das Erhitzen der Milch hat mehrere Gründe. Der Joghurt wird dicker, weil beim Erhitzen Wasser verdampft. Außerdem verändert ein Erhitzen die Struktur des Milchproteins Kasein, was ebenfalls zu dickerem Joghurt verhilft. Darüber hinaus werden beim Erhitzen Mikroorganismen in der Milch abgetötet, die in Konkurrenz zu den zugegebenen Starterkulturen im Joghurt stehen könnten.

SOJAGHURT

Ergibt ca. 900 g, Haltbarkeit: ca. 1 Woche
Zubereitung: 20 Min. + 12 Std. Fermentieren

90 g Sojaghurt • 1 l Sojadrink

1. Den Sojaghurt in eine Schüssel geben. Den Sojadrink in einem Topf zum Kochen bringen und ca. 5 Min. unter ständigem Rühren köcheln lassen, damit Flüssigkeit verdampft. Dann auf 45–49° abkühlen lassen. Mit dem Finger prüfen: Die Flüssigkeit sollte sich heiß anfühlen, aber einige Sekunden sollte man es gut aushalten können.

2. Kurz bevor der Drink auf die genannte Temperatur abgekühlt ist, mehrere Gläser heiß ausspülen. Etwa 100 ml des warmen Drinks zum Sojaghurt gießen und mit einem Schneebesen gründlich unterrühren. Diese Mischung zurück in den Topf geben und kurz umrühren.

3. Die Gläser mit der warmen Mischung befüllen und mit einem Deckel verschließen. Rundherum mit einem Geschirrtuch oder Handtuch umwickeln. Die Gläser sollen gut isoliert sein. Die Mischung ca. 12 Std. bei 43–45° ruhen lassen, bis aus dem Sojadrink Sojaghurt geworden ist.

4. Den fertigen Sojaghurt verschlossen im Kühlschrank lagern. Es kann sich etwas Molke abtrennen – diese weggießen oder unterrühren.

Tipp: Durch die Zugabe von 2 EL Maisstärke wird der Sojaghurt etwas fester und geschmacklich eine Spur milder, zudem trennt sich während der Lagerung weniger Molke ab. Der Joghurt wird aber auch ohne Stärke stichfest. Für eine dezente Süße und Vanillegeschmack kann man zusätzlich 2 EL Zucker und 1 TL Vanillezucker einrühren.

LABNEH

Ergibt ca. 200 g, Haltbarkeit: ca. 5 Tage
Zubereitung: 5 Min. + 1–2 Tage Abtropfen

---

500 g Joghurt (3,6 % Fett) • Salz

1. Den Joghurt mit ½ TL Salz verrühren. Ein Sieb mit einem Mulltuch auslegen und den Joghurt hineingeben. Das Sieb über eine Schüssel hängen, um die Molke aufzufangen.

2. Den Joghurt in den Kühlschrank stellen und 1–2 Tage abtropfen lassen – je nach gewünschter Festigkeit. Zwischendurch das Käsebündel etwas zusammendrücken, um den Abtropfvorgang etwas zu beschleunigen.

3. Nach 1 Tag hat Labneh Frischkäsekonsistenz, nach 2 Tagen ist er so fest, dass man ihn zu kleinen Bällchen formen kann. Fertigen Labneh in ein Gefäß mit Deckel geben und luftdicht verpackt im Kühlschrank lagern.

Tipps: Schneller geht's, wenn Sie griechischen Joghurt mit 10 % Fettgehalt verwenden. Er tropft schneller ab als der weniger fette.

Nach 1 Tag Abtropfen eignet sich Labneh sehr gut als Brotaufstrich, ähnlich wie Frischkäse. Nach 2 Tagen kann man mit einem kleinen Löffel Portionen aus der Masse stechen und zu Kugeln formen. Am besten schmecken die Bällchen mit Olivenöl beträufelt und mit schwarzem Pfeffer aus der Mühle bestreut. Auch frische oder getrocknete Kräuter passen gut dazu.

RICOTTA

Ergibt 380 g nach 1 Std. Abtropfen, Haltbarkeit: ca. 1 Woche
Zubereitung: 20 Min. + 10 Min.–1 Std. Abtropfen

2 l Milch • 250 g Sahne • Salz • ca. 6 EL Zitronensaft

1. Milch, Sahne und 1 TL Salz in einen großen Topf geben und zum Kochen bringen. Mit einem Teigschaber (am besten aus Silikon) am Anfang gelegentlich, mit zunehmender Hitze ununterbrochen umrühren, damit die Milch nicht anbrennt.

2. Sobald die Milch anfängt zu kochen, 4 EL Zitronensaft hinzufügen und kurz unterrühren. Die Milch trennt sich nun in Molke und Käsebruch. Sollte sie das nicht tun, noch etwas mehr Zitronensaft dazugeben und kurz weiterköcheln lassen. Sobald die Milch gerinnt, den Topf vom Herd nehmen und die Mischung zugedeckt ca. 10 Min. stehen lassen.

3. Inzwischen ein großmaschiges Sieb mit einem Mulltuch auslegen und in das Spülbecken stellen.

4. Den Käsebruch mit einer Lochkelle in das Sieb heben oder vorsichtig hineingießen. Die Enden des Tuchs zusammenbinden und das Ganze zum Abtropfen aufhängen. Mindestens 10 Min., am besten ca. 1 Std. abtropfen lassen. Je länger, desto fester wird der Ricotta.

5. Den Ricotta luftdicht verschlossen im Kühlschrank lagern. Er hält bis zu 1 Woche.

Tipp: Den Ricotta können Sie als Brotaufstrich und für süße sowie herzhafte Speisen verwenden. Sehr gut schmeckt er gewürzt als Füllung von Teigwaren wie Ravioli oder Cannelloni.

PANEER – INDISCHER FRISCHKÄSE

Ergibt 200 g, Haltbarkeit: ca. 4 Tage
Zubereitung: 20 Min. + 3 Std. Pressen

Dieser Frischkäse, der sich ganz leicht selbst am eigenen Herd herstellen lässt, ist in Indien allgegenwärtig. Er wird meist in Würfel geschnitten und entweder gegrillt oder als Zutat in Currys verwendet. In Currys gibt man ihn erst gegen Ende der Kochzeit dazu und erwärmt ihn nur kurz. Paneer ist ein großartiger Fleischersatz.

1,5 l Vollmilch • Salz • ca. 6 EL Zitronensaft (ersatzweise Weißweinessig)

1. Die Milch mit 1 Prise Salz in einen großen Topf geben und bei mittlerer bis großer Hitze zum Kochen bringen. Mit einem Teigschaber (am besten aus Silikon) am Anfang gelegentlich, mit zunehmender Hitze ununterbrochen umrühren, damit die Milch nicht am Topfboden ansetzt.

2. Sobald die Milch anfängt zu kochen, 4 EL Zitronensaft dazugeben und kurz unterrühren. Die Milch trennt sich nun in Molke und Käsebruch. Sollte sie das nicht tun, noch etwas mehr Zitronensaft dazugeben und die Mischung kurz weiterköcheln lassen. Sobald die Milch gerinnt, den Topf vom Herd nehmen und die Mischung zugedeckt ca. 10 Min. stehen lassen.

3. Inzwischen ein Sieb (am besten ein großmaschiges) mit einem Mulltuch auslegen und in das Spülbecken stellen.

4. Den Käsebruch mit einer Lochkelle in das Sieb heben oder vorsichtig hineingießen. Den Käsebruch ca. 5 Min. abtropfen und abkühlen lassen. Das Tuch mit einer Schnur seitlich knapp über dem Käse zusammenbinden.

5. Das befüllte Mulltuch auf ein im Spülbecken liegendes Schneidebrett legen. Ein weiteres Schneidebrett oder einen Teller auf den Käse im Mulltuch legen und mit Konservendosen oder einem mit Wasser gefüllten Topf (2–3 kg sind ideal) beschweren. Platziert man unter dem unteren Schneidebrett einen Gegenstand (z. B. Löffel), kann die Molke durch die Schräglage besser abfließen.

6. Den Käse 2–3 Std. pressen. Je länger, desto fester wird er. Den fertigen Paneer am besten frisch weiterverarbeiten oder luftdicht verpacken und im Kühlschrank lagern. Dort ist er einige Tage haltbar.

PANEER TIKKA MASALA

Für 3 Personen
Zubereitung: 40 Min.

Paneer Tikka Masala ist das vegetarische Pendant zu Chicken Tikka Masala, ein fester Bestandteil auf den meisten Speisekarten indischer Restaurants. Tikka heißt so viel wie »Stücke«, und Masala bezeichnet Gewürzmischungen. Dieses Rezept ist meine Schnellversion des Originals, die auf jegliches Marinieren und Grillen des Paneers verzichtet, aber nicht minder köstlich ist. Ganz schnell und einfach.

---

200 g Paneer (s. S. 126 oder Fertigprodukt) • 1 Zwiebel (120 g) • 2 EL Öl • 2 Knoblauchzehen • 1 Stück Ingwer (2–3 cm) • 2 TL Garam Masala • ¾ TL gemahlener Koriander • 1,5 TL Kashmiri-Chilipulver (ersatzweise Paprikapulver) • Cayennepfeffer (nach Belieben) • 1,5 EL gemahlene Mandeln (nach Belieben; s. Tipp) • 500 ml passierte Tomaten • 250 g Kokosmilch • 125 ml Milch • Salz • 1 TL Zucker • 4 Stängel Koriandergrün zum Bestreuen

---

1. Den Paneer in 1–2 cm große Würfel schneiden. Die Zwiebel schälen, halbieren und längs in dünne Streifen schneiden. 1 EL Öl in einer großen Pfanne stark erhitzen und die Zwiebel darin ca. 3 Min. unter ständigem Rühren scharf anbraten. Auf mittlere Hitze reduzieren und die Zwiebel in weiteren 5–8 Min. weich und goldgelb dünsten.

2. Inzwischen Knoblauch und Ingwer schälen und fein reiben oder hacken. Zur Zwiebel geben und ca. 1 Min. anrösten. Garam Masala, Koriander, Chilipulver, nach Belieben 1 Prise Cayennepfeffer sowie die gemahlenen Mandeln einrühren und ca. 30 Sek. unter ständigem Rühren mitrösten. Dabei soll ausreichend Öl in der Pfanne sein, bei Bedarf das übrige Öl (1 EL) dazugeben.

3. Die Hälfte der passierten Tomaten dazugeben und bei mittlerer Hitze ca. 5 Min. einkochen, bis fast die ganze Flüssigkeit verkocht ist. Die Pfanne vom Herd nehmen.

4. Die übrigen passierten Tomaten (250 ml) unterrühren und die Sauce in ein hohes, schmales Gefäß umfüllen. Mit dem Pürierstab glatt pürieren und wieder in die Pfanne geben.

5. Kokosmilch, Milch, ca. ½ TL Salz und den Zucker dazugeben und die Sauce noch einige Minuten leicht köcheln lassen. Ein paar Paneer-Würfel zum Garnieren beiseitelegen, den übrigen Paneer in die Sauce rühren. Alles ca. 5 Min. köcheln lassen und mit Salz abschmecken. Den Koriander waschen, trocken schütteln und die Blätter abzupfen.

6. Zum Servieren den beiseitegelegten Paneer über das Gericht streuen. Mit den Korianderblättern garnieren. Dazu passt Naan-Brot.

Tipps: Die gemahlenen Mandeln machen die Sauce wunderbar cremig. Aber das Ganze funktioniert und schmeckt auch ohne sie.

Kashmiri-Chilis liefern ein leuchtend orangefarbenes Gericht. Falls die Farbe unter Zugabe von Paprikapulver nicht so intensiv ist, kann man mit 1 EL Tomatenmark etwas nachhelfen.

MAYONNAISE

Ergibt 180 ml, Haltbarkeit: ca. 1 Tag
Zubereitung: 10 Min.

1 frisches Eigelb (M) • ½ TL Dijon-Senf • ca. 1,5 TL Zitronensaft • Salz • ca. 180 ml Sonnenblumenöl (ersatzweise anderes Öl)

1. Alle Zutaten auf Zimmertemperatur bringen. Das Eigelb, den Senf, 1 TL Zitronensaft und 1 Prise Salz in eine Schüssel geben und mit einem Schneebesen gründlich verrühren. Am besten eignet sich eine schwere Glasschüssel, da sie beim langen Rühren nicht wegrutscht.

2. Das Öl unter ständigem Rühren zunächst tropfenweise dazugeben. Wenn etwa ein Viertel eingerührt ist, kann es in einem feinen Strahl dazugegeben und eingerührt werden. So viel Öl hinzufügen und unterrühren, bis eine dickcremige Emulsion entsteht.

3. Die Mayonnaise mit Salz und dem übrigen Zitronensaft abschmecken. In ein luftdicht schließendes Gefäß umfüllen und bis zur Verwendung in den Kühlschrank stellen. Nachdem Mayonnaise rohes Ei enthält, sollte sie so bald wie möglich aufgebraucht werden.

Tipp: Um aus der klassischen Mayonnaise Aioli zu machen, verwendet man Olivenöl und rührt zum Schluss noch 1 gepresste Knoblauchzehe ein. Auch etwas geriebene Zitronenschale ist eine perfekte Ergänzung für Aioli.

ROTE-BETE-EIER

Ergibt 6 Eier, Haltbarkeit: ca. 1 Woche
Zubereitung: 15 Min. + 3–8 Std. Ziehen

300 ml Rote-Bete-Saft • 1 EL Essig • 2 Nelken • 1 grüne Kardamomkapsel • Salz • 1 TL Zucker • 6 Eier (M)

1. Rote-Bete-Saft, Essig, Nelken, Kardamom, 1 TL Salz und Zucker in einen Topf geben und zugedeckt zum Kochen bringen. Den Sud bei kleiner Hitze ca. 10 Min. köcheln lassen. Den Topf vom Herd nehmen und die Mischung auskühlen lassen. Während der Sud kocht, die Eier in ca. 10 Min. hart kochen, abgießen, in kaltem Wasser abkühlen lassen und schälen.

2. Die Eier in ein großes Glas oder mehrere Gläser geben und mit dem Sud aufgießen, bei Bedarf beschweren. Wenn nicht alle Eier mit Sud bedeckt sind, etwas Wasser dazugeben. Die Eier 3–8 Std. im Sud ziehen lassen. Während dieser Zeit ab und zu umrühren, damit keine weißen Stellen dort entstehen, wo die Eier am Glas anliegen.

3. Je länger die Eier ziehen, desto intensiver wird die Farbe und desto tiefer dringt sie ein. Ab 3 Std. ist ein schöner Farbrand zu erkennen. Bis zu 8 Std. bleibt der rote Rand ungefähr gleich breit, die Intensität des Aromas nimmt aber zu. Bei einer Einlegezeit von 1 Tag ist das Eiweiß bereits fast vollständig rot gefärbt. Die Eier aus dem Sud nehmen und vor dem Halbieren mit Küchenpapier abtupfen – sonst färbt sich durch den Schnitt auch das Innere. Die Rote-Bete-Eier sind im Kühlschrank ca. 1 Woche haltbar.

Tipp: Für eine Blitzversion 300 ml Rote-Bete-Saft, 1 TL Salz, 1 TL Zucker und 1 EL Essig verrühren. Hart gekochte und geschälte Eier in den Sud einlegen.

GEBEIZTE EIGELBE

Ergibt 6 Eigelbe, Haltbarkeit: ca. 3 Wochen
Zubereitung: 15 Min. + 5 Tage Beizen + 3 Std. Trocknen

In einer Mischung aus Salz und Zucker gebeizte Eigelbe haben eine Konsistenz wie Parmesan – perfekt, um sie über Pasta-Gerichte, Risotto, Salate, Suppen oder belegte Brote zu hobeln. Wie auch Hartkäse verleihen diese eingesalzenen Eigelbe vielen Gerichten geschmackliche Tiefe und sind optisch ein Farbtupfer. Der Prozess des Beizens ist sehr einfach, bis die Eier fertig sind, dauert es jedoch einige Tage.

300 g Salz • 300 g Zucker • 6 Eigelb (M)

1. Salz und Zucker mischen und rund zwei Drittel der Mischung in eine kleine Form geben (mindestens 13 × 18 cm). Die Menge dieser Beizmischung nicht reduzieren, sie ist nötig, um den Eigelben die Feuchtigkeit zu entziehen.

2. Mit einem Löffel mit etwas Abstand zueinander sechs kleine Mulden in die Salz-Zucker-Mischung drücken. Die Eier trennen und die Eigelbe vorsichtig in die Mulden gleiten lassen, damit sie intakt bleiben und nicht aufplatzen. Die restliche Salz-Zucker-Mischung über den Eigelben verteilen, sodass sie vollständig bedeckt sind.

3. Das Gefäß mit einem passenden Deckel oder Frischhaltefolie gut verschließen und 5 Tage in den Kühlschrank stellen. Nach dieser Zeit die Eigelbe aus der Salzmischung heben, kurz mit Wasser abspülen und mit Küchenpapier trocken tupfen. Die Eigelbe sind nach dem Einlegen wesentlich fester, da die Mischung aus Salz und Zucker ihnen Feuchtigkeit entzogen hat.

4. Die Eigelbe auf ein mit Backpapier ausgelegtes Backblech setzen. Den Backofen auf 60° (Umluft) erwärmen und die Eigelbe im Ofen ca. 3 Std. trocknen lassen. Die Ofentür während dieser Zeit ab und zu öffnen oder einen Kochlöffelstiel in die Tür klemmen, damit Feuchtigkeit entweichen kann.

5. Die gebeizten Eigelbe nach dem Trocknen aus dem Backofen nehmen und abkühlen lassen. In einem luftdicht schließenden Gefäß im Kühlschrank aufbewahren, sie halten dort ca. 3 Wochen.

Tipp: Für eine zusätzliche Geschmacksnote kann man etwas abgeriebene Bio-Zitronenschale oder getrocknete Kräuter in die Beizmischung geben.

Das Beizen entzieht den Eigelben Wasser, wodurch sie fest werden. So lassen sie sich als würziges Extra und für einen Umami-Kick über viele Speisen reiben.

CHINESISCHE TEE-EIER

Ergibt 6 Eier, Haltbarkeit: 3–4 Tage
Zubereitung: 15 Min. + 45 Min. Abkühlen + 1 Tag Marinieren

Diese marmorierten Tee-Eier sind eine kunstvolle Alternative zu normalen hart gekochten Eiern. In China werden sie das ganze Jahr über gegessen und sind sogar in Supermärkten oder an Straßenständen erhältlich. Normalerweise werden dafür Eier hart gekocht, bevor man die Schale anschlägt. Die Eier mit der angeschlagenen Schale simmern anschließend einige Stunden zum Marmorieren und Aromatisieren im gewürzten Tee. Dann sind sie richtig hart. Ich koche sie nur ein Mal und lege sie in kalten Tee – so kann man sich auch ein wachsweiches Ei marmorieren.

Für den Sud: *2 Beutel schwarzer Tee • 4 EL Sojasauce • 1 EL Zucker • Salz • 1 Sternanis • 2 Nelken • 1 kleine Zimtstange • 2 Lorbeerblätter • ½ TL Sichuan-Pfefferkörner (ersatzweise schwarze Pfefferkörner) • ½ TL Fenchelsamen (nach Belieben)* **Außerdem:** *6 Eier (M)*

---

1. Für den Sud 600 ml Wasser, die Teebeutel, die Sojasauce, den Zucker, 1 TL Salz und die ganzen Gewürze in einen Topf geben. Das Wasser zugedeckt zum Kochen bringen. Den Tee bei kleiner Hitze ca. 10 Min. köcheln lassen, dann vom Herd nehmen und den Tee auskühlen lassen. Die Teebeutel entfernen, die Gewürze im Sud belassen.

2. Die Eier in einen Topf mit kochendem Wasser einlegen. Für wachsweiche Eier ca. 7 Min., für harte Eier ca. 10 Min. kochen. Anschließend in kaltem Wasser abkühlen lassen.

3. Die Eier rundherum mit einem Löffel anschlagen, um die Schale etwas aufzubrechen und später die Marmorierung zu erzeugen. Die Schale darf dafür nicht zu leicht angeschlagen werden, aber auch nicht so fest, dass sie sich ablöst. Erst mal vorsichtig beginnen.

4. Die Eier in ein großes Glas oder mehrere Gläser geben und mit dem Sud aufgießen. Falls sie nach oben treiben, mit einem Löffel beschweren. Sollten nicht alle Eier mit Sud bedeckt sein, entweder etwas Wasser angießen oder einen Gegenstand (kleine Schüssel, Murmeln etc.) in das Glas geben, um den Wasserspiegel zu heben.

5. Die Tee-Eier bei Zimmertemperatur ca. 1 Tag im Sud ziehen lassen, dann sind sie fertig. Anschließend im Kühlschrank lagern.

Tipps: Statt der einzelnen ganzen Gewürze kann auch eine chinesische Fünf-Gewürze-Mischung verwendet werden.

Für einen etwas intensiveren Geschmack können die Eier auch 2 Tage im Kühlschrank im Sud mariniert oder alternativ, geschält, für mindestens 12 Std. eingelegt werden. Die schöne Marmorierung geht damit allerdings verloren. Die Marmorierung wird durch ein längeres Einlegen nicht dunkler – dies hängt vom Anschlagen der Schale und den Rissen ab. Nach 2 Tagen im Sud färbt sich das Eigelb leicht bräunlich.

BROT, GEBÄCK & SNACKS

SAUERTEIG

Ergibt 100 g, Haltbarkeit: unbegrenzt
Zubereitung: 3–7 Tage

Für die Herstellung von Sauerteig werden Wasser und Mehl benötigt – sonst nichts. Der hier beschriebene Weizensauerteig wird mit hellem Brotmehl angesetzt (Type 550 in Deutschland, Type W700 in Österreich). Damit wird er perfekt.

250 g Mehl • 250 g Wasser

TAG 1 (ANSETZEN): 50 g Mehl in einem Glas (ca. 400 ml) mit 50 g Wasser gründlich vermengen (Bild 1) und nicht luftdicht bedecken, z. B. mit einem locker aufgelegten Deckel. Den Ansatz 1 Tag ohne Störung bei einer Temperatur zwischen 20 und 30° stehen lassen. 25° sind ideal.

TAG 2 (MENGE VERGRÖSSERN): 50 g Mehl und 50 g Wasser zugeben, gründlich vermengen und bedeckt 1 Tag ruhen lassen. Es können schon Bläschen an der Oberfläche sichtbar sein (Bild 2) und der Geruch kann sich ändern, von frisch und hefig, säuerlich, bis manchmal auch unangenehm.

Um zu kontrollieren, ob der Sauerteig aufgeht, die Starthöhe mit einem Gummiring markieren. Oder ein Klebeband auf das Glas kleben und darauf mit wasserfestem Stift die Starthöhe markieren. Über der Markierung auf der Innenseite des Glases einen Streifen sauber wischen, damit man sieht, ob der Teig über Nacht gestiegen und wieder zusammengefallen ist (Bild 3).

TAG 3–4 (VERRINGERN UND FÜTTERN): Anhand der Markierung prüfen, ob der Sauerteig über Nacht aktiv war und sein Volumen bereits vergrößert hat. Etwa die Hälfte des Sauerteigs (100 g) entfernen (entweder entsorgen oder verbacken). Zum übrigen Teig 50 g Mehl und 50 g Wasser zugeben, gründlich vermengen, Gummiring oder Klebeband anpassen und den Teig wieder 1 Tag ruhen lassen. In dieser Zeit kann der Sauerteig aufgehen. Sollte er bereits sein Volumen verdoppelt haben, dann bei Tag 5 (Stärken) weitermachen. Andernfalls immer wieder ca. die Hälfte des Sauerteigs entfernen, den Rest mit 50 g Mehl und 50 g Wasser füttern und 1 Tag warten, bis sich der Sauerteig im Volumen verdoppelt (oder verdreifacht) hat, meist zwischen Tag 3 und 6, manchmal dauert es aber auch länger.

TAG 5–6 (STÄRKEN): Den aktiven Sauerteig über die nächsten Tage weiterfüttern, um ihn stark zu machen. Dafür den gesamten Sauerteig bis auf 2–3 EL entfernen (diese ca. 170 g als Back-up in einem Schraubglas im Kühlschrank lagern) und mit 50 g Mehl und 50 g Wasser füttern. Der Sauerteig soll sich in 12–15 Std. – je nach Temperatur schneller oder langsamer – nach der Zugabe von Mehl und Wasser verdoppeln.

TAG 7: Der reife Sauerteig (100 g) riecht jetzt angenehm hefig, seine Konsistenz ist zähflüssig und luftig. Er kann nun verbacken werden.

Tipp: Je nach Temperatur, Mehltype und noch anderen Faktoren verhält sich Sauerteig individuell. Deshalb ist die wichtigste Regel: Sobald der Sauerteig sein Volumen deutlich vergrößert hat und wieder zusammenfällt, ist es Zeit für die nächste Fütterung, unabhängig davon, welcher Tag ist.

1

2

3

FRAGEN & ANTWORTEN
SAUERTEIG

WAS HEISST SAUERTEIG FÜTTERN?

Die Zugabe von Mehl und Wasser zum Sauerteig-Ansatz wird umgangssprachlich als »Sauerteig füttern« bezeichnet.

WAS IST DER UNTERSCHIED ZWISCHEN SAUERTEIG-ANSATZ, ANSTELLGUT UND REIFEM SAUERTEIG?

Sauerteig-Ansatz, auch Anstellgut oder Sauerteig-Starter genannt, ist die Ausgangsbasis für die Herstellung von Sauerteig. Dieser Ansatz, meist nicht mehr als 2–3 EL regulärer Sauerteig, wird mit einer bestimmten Menge Mehl und Wasser »gefüttert«. Nach einer Ruhezeit von 10–20 Std. entsteht reifer Sauerteig. Dieser ist sehr luftig, da er auf das doppelte oder dreifache Volumen aufgeht, und wirft Bläschen. Kurz danach fällt er zusammen. Der reife Sauerteig (stark aufgegangen oder kürzlich zusammengefallen) wird zum Backen verwendet. Zuvor nimmt man 2–3 EL davon ab und lagert diesen Ansatz im Kühlschrank für das nächste Mal Backen.

EIN REZEPT BENÖTIGT 100 G (BZW. 200 G) REIFEN SAUERTEIG. WIE ERHALTE ICH DIE GENAUE MENGE?

2–3 EL Sauerteig-Ansatz mit 55 g (bzw. 105 g) Mehl und 55 g (bzw. 105 g) Wasser vermengen. Bei Zimmertemperatur zugedeckt in 12–15 Std. auf das doppelte Volumen aufgehen lassen. Davon 100 g (200 g) reifen Sauerteig entnehmen. Der Rest ist der Ansatz für den nächsten Sauerteig.

WIE SOLL ICH SAUERTEIG LAGERN?

Wer nicht so häufig mit Sauerteig bäckt, lagert 2–3 EL frisch gefütterten Sauerteig in einem fest verschlossenen kleinen Schraubglas im Kühlschrank. Alle 1–2 Wochen alles bis auf 1 EL Sauerteig entfernen und den Teig im Glas mit 1 EL Wasser und 1 gehäuftem EL Mehl verrühren.
Für längere Pausen (einige Monate) einige EL Sauerteig in einem Gefrierbeutel einfrieren oder trocknen. Zum Trocknen dünn auf ein Backpapier streichen und trocknen lassen. Anschließend zerkleinert in einem Schraubglas im Kühlschrank lagern. Der eingefrorene oder getrocknete Sauerteig dient als Sauerteig-Starter bzw. Anstellgut. Trocknen und Einfrieren kleiner Mengen sind generell als Versicherung für Pannen ratsam.

WARUM GEHT MEIN SAUERTEIGBROT NICHT AUF?

Junger Sauerteig ist oft noch nicht sehr triebstark. Diese Kraft entwickelt sich meist nach ein paar Wochen. Sollte der erste Backversuch mit jungem Sauerteig fehlschlagen, für die nächsten Male zusätzlich eine kleine Menge Hefe in den Brotteig geben. Achtung: Vor der Zugabe von Hefe unbedingt ein paar EL Sauerteig als Starter abnehmen, er darf nicht mit der Hefe in Berührung kommen.

SAUERTEIG-FOCACCIA

Ergibt 1 Focaccia (1 Backform: mind. 30 × 20 cm)
Zubereitung: 20 Min. + 6–8 Std. Gehen/Ruhen + ca. 25 Min. Backen

200 g reifer Sauerteig (s. S. 138) • 2 EL Olivenöl • 300 g Weizenmehl (Type 550) • Salz • Olivenöl für Schüssel und Form • 5 Zweige Thymian

1. Sauerteig und 160 g Wasser in einer großen Schüssel mit einem Schneebesen verquirlen. Öl, etwa die Hälfte des Mehls und 2 gestr. TL (9 g) Salz dazugeben. Alles ca. 1 Min. gut verrühren. Übriges Mehl mit einem Kochlöffel ca. 2 Min. unterrühren.

2. Den Teig direkt in der Schüssel mit den Händen ca. 8 Min. kneten, er ist sehr klebrig. In eine mit Olivenöl gefettete Schüssel geben und dicht zugedeckt bei warmer Zimmertemperatur 4–6 Std. gehen lassen, bis sich das Volumen verdoppelt hat.

3. Eine ofenfeste Form (30 × 20 cm) mit Öl einfetten. Den Teig hineingeben und vorsichtig auf eine gleichmäßige Stärke auseinanderziehen. Mit 1 EL Olivenöl bestreichen und mit den Fingern Dellen hineindrücken. Thymian waschen, trocken tupfen, Blättchen abzupfen und daraufstreuen.

4. Die Form mit einem feuchten Tuch bedecken und den Teig ca. 2 Std. ruhen lassen. Dabei geht er kaum auf. Den Backofen auf 200° (Ober-/Unterhitze) vorheizen. Die Focaccia (Mitte) in ca. 25 Min. goldbraun backen.

Tipp: Für kürzere Gehzeiten und bei jungem Sauerteig 1 TL Trockenhefe zum Teig geben.

Variante: 200 g Sauerteig durch 100 g Mehl, 100 g Wasser und 7 g Trockenhefe ersetzen. Die Gehzeiten sind damit deutlich reduziert.

SAUERTEIG-TOPFBROT

Ergibt 1 Laib Brot (1 ofenfester Topf: mind. 24 cm ∅)
Zubereitung: 10 Min. + 14 Std. Gehen + 45 Min. Backen

Dieses einfache Rezept für ein helles Sauerteigbrot ist gerade für Sauerteig-Neulinge ein guter Einstieg. Das Brot wird im Topf gebacken und erhält dadurch eine knusprige Kruste. Dafür ist ein hitzebeständiger Topf samt Deckel notwendig, am besten sollte er aus Gusseisen sein. Teflonbeschichtete Töpfe, Plastik- oder Silikongriffe und die meisten Glasdeckel sind dafür nicht geeignet.

---

100 g reifer Sauerteig (s. S. 138) • 350 g Weizenmehl (Type 550) • Salz • Mehl für die Arbeitsfläche

---

1. Am Vorabend den reifen Sauerteig und 250 g Wasser in einer großen Rührschüssel mit einem Kochlöffel verrühren, bis sich der Sauerteig aufgelöst hat. Etwa die Hälfte des Mehls und 2 gestr. TL (9 g) Salz dazugeben und ca. 1 Min. gut durchrühren. Das übrige Mehl hinzufügen und mit dem Kochlöffel in ca. 1 Min. einarbeiten.

2. Den Teig in der Schüssel möglichst luftdicht mit einem passenden Deckel oder einem feuchten Tuch zugedeckt bei Zimmertemperatur über Nacht ca. 12 Std. ruhen lassen. Während dieser Zeit verdoppelt sich das Teigvolumen und an der Oberfläche bilden sich Bläschen.

3. Am nächsten Tag den Teig mit einem Teigschaber auf eine sehr stark bemehlte Arbeitsfläche spachteln. Nun die Ränder einige Male Richtung Mitte klappen, bei Bedarf den Teig zusammenzwicken, damit er hält. So bekommt der Teig Spannung und eine runde Form. Die Oberfläche des Teigs mit Mehl bestreuen, damit er nicht klebt.

4. Den Teig mit der Naht nach unten in einem sehr stark bemehlten Gärkörbchen oder einer geölten Schüssel (18–20 cm ∅ und mind. 1 l Inhalt) 1–2 Std. bei Zimmertemperatur offen gehen lassen. (Wird die Schüssel verwendet, den Teig nicht mit zu viel Mehl bestreuen.) Der Teig sollte jetzt noch ein bisschen aufgehen.

5. Den Backofen auf 225° (Umluft) vorheizen. Ein Stück Backpapier, das etwas größer als der Topf zugeschnitten ist, auf einem großen Schneidebrett platzieren. Schneidebrett samt Backpapier auf das Gärkörbchen legen und dieses vorsichtig stürzen, sodass der Teig auf dem mit Backpapier belegten Schneidebrett liegt. Nun die Ecken des Backpapiers anheben und den Teig mit Papier in den Topf geben. Den Deckel auflegen, den Topf auf den Ofenrost stellen und das Brot 25 Min. backen. Den Deckel abnehmen und das Brot offen 15–20 Min. weiterbacken, bis es goldbraun ist.

6. Den Topf aus dem Ofen nehmen und das Brot vorsichtig herausheben. Auf einem Gitter komplett auskühlen lassen, dann erst anschneiden.

SONNENBLUMENBROT

Ergibt 1 Laib Brot (1 große Kastenform: 24 × 12 × 7 cm)
Zubereitung: 20 Min. + 1 Std. Gehen + 45 Min. Backen + 1 Tag Ruhen

Dieses Rezept ist ein Klassiker in österreichischen Bäckereien. Das Mischen mehrerer Mehlsorten verleiht dem Brot einen besonderen Geschmack. Durch die Zugabe von Sonnenblumenkernen wird es saftig. Am besten ist das Brot nach ein oder zwei Tagen, dann wird es etwas fester und kann in sehr dünne Scheiben geschnitten werden.

---

180 g Sonnenblumenkerne • 1 EL Honig • 1 EL Melasse (ersatzweise Honig) • 7 g Trockenhefe • 180 g Weizenmehl (Type 550) • 220 g Vollkornmehl • Salz • 180 g Roggenmehl (Type 997) **Außerdem:** *Öl für die Form*

---

1. In einer Pfanne ohne Fett 140 g Sonnenblumenkerne bei mittlerer Hitze rösten, bis sie goldgelb sind. Beiseitestellen und abkühlen lassen.

2. 510 g warmes Wasser in eine große Schüssel geben. Den Honig und die Melasse hinzufügen und unter Rühren auflösen. Die Hefe gleichmäßig darüberstreuen und ca. 1 Min. ruhen lassen.

3. Weizen- und Vollkornmehl in die Schüssel geben und mit einem Kochlöffel (oder dem Teighaken vom Standmixer) vermengen, bis eine glatte, dickflüssige Masse entsteht. 1 EL (18 g) Salz und die gerösteten Sonnenblumenkerne untermengen.

4. Das Roggenmehl in 2–3 Portionen dazugeben und mit einem Kochlöffel einarbeiten, bis kein Mehl mehr sichtbar ist, auch nicht am Schüsselboden. Der Teig ist sehr klebrig, trotzdem kein zusätzliches Mehl einrühren.

5. Eine große Kastenform einölen oder mit Backpapier auslegen und den Teig hineinspachteln. Gleichmäßig in der Form verteilen und die Oberfläche mit nassen Händen glätten. Die übrigen Sonnenblumenkerne (40 g) dicht auf dem Brot verteilen und leicht in den Teig drücken.

6. Den Teig zugedeckt 45 Min.–1 Std. gehen lassen, bis er die ganze Kastenform füllt (s. Tipp). Den Backofen auf 230° (Ober-/Unterhitze) vorheizen.

7. Die Form in den heißen Ofen (Mitte) stellen und das Brot ca. 10 Min. backen. Die Temperatur auf 200° reduzieren und das Brot in ca. 35 Min. fertig backen, bis es eine schöne dunkle Farbe angenommen hat.

8. Das Brot herausnehmen und 5–10 Min. in der Form abkühlen lassen. Aus der Form lösen und auf einem Gitter vollständig auskühlen lassen. Das Brot erst am nächsten Tag anschneiden. Am besten schmeckt es am zweiten oder dritten Tag.

Tipp: Ich decke die Form während des Gehens nicht direkt mit einem Geschirrtuch ab, sondern gebe die gesamte Kastenform in einen dünnen, transparenten Plastikbeutel (z. B. aus der Obstabteilung eines Supermarkts), fange etwas Luft ein und verschließe den Beutel. So kann der Teig nicht am Geschirrtuch ankleben, sollte ich die Zeit übersehen und der Teig schon über den Kastenformrand hinaussteigen.

SANDWICHBROT

Ergibt 1 Laib Brot (1 Kastenform: 21 × 11 × 7 cm)
Zubereitung: 20 Min. + mind. 1 Std. 45 Min. Gehen + 20 Min. Backen

---

2 EL Honig • 7 g Trockenhefe • 280 g Weizenmehl (Type 550) • 3 EL Sonnenblumenöl • Salz • 100 g Vollkornmehl **Außerdem:** *Öl für die Schüssel • Mehl für die Arbeitsfläche*

1. Den Honig und 270 g warmes Wasser in einer Rührschüssel vermengen. Die Hefe gleichmäßig darüberstreuen und ca. 1 Min. ruhen lassen. Weizenmehl, Öl und 2 gestr. TL (9 g) Salz dazugeben und alles mit einem Kochlöffel rühren, bis die Zutaten vermengt sind. Das Vollkornmehl einrühren und den sehr weichen Teig am besten in der Schüssel mit den Händen ca. 5 Min. kneten.

2. Den Teig in einer geölten Schüssel mit passendem Deckel oder einem feuchten Geschirrtuch bedeckt bei Zimmertemperatur 1–1,5 Std. gehen lassen, bis er sein Volumen ungefähr verdoppelt hat (je kühler die Umgebung ist, umso länger dauert der Vorgang).

3. Den Teig auf einer bemehlten Arbeitsfläche mit dem Nudelholz zu einem ca. 25 × 30 cm großen Rechteck ausrollen. Die langen Seiten zur Mitte hin einschlagen, sodass sich die Breite von 30 auf 10 cm reduziert. Die kurzen Enden ebenfalls etwas einschlagen. Das Brot mit der Naht nach unten in eine mit Backpapier ausgelegte Kastenform legen.

4. Das Brot mit einem Geschirrtuch bedecken und in ca. 45 Min. bis zum Rand der Form aufgehen lassen. Den Backofen auf 210° (Ober-/Unterhitze) vorheizen. Das Brot im heißen Ofen (Mitte) in ca. 20 Min. goldbraun backen. Herausnehmen, kurz in der Form abkühlen lassen, herauslösen und auf einem Gitter vollständig auskühlen lassen.

SIMIT – TÜRKISCHE BAGELS

Ergibt 6 Bagels
Zubereitung: 30 Min. + 1 Std. 45 Min. Gehen + 15 Min. Backen

7 g Trockenhefe • Salz • 4 EL Sonnenblumenöl • 400 g Weizenmehl (Type 550) • Mehl für die Arbeitsfläche • 1 EL Pekmez (Traubenmelasse, aus dem türkischen Lebensmittelgeschäft; ersatzweise Honig) • ca. 5 EL heller Sesam

1. 250 g warmes Wasser in eine Schüssel geben, die Hefe gleichmäßig darüberstreuen und ca. 1 Min. stehen lassen. 2 gestr. TL (9 g) Salz, das Öl und etwa die Hälfte des Mehls gründlich unterrühren, bis eine glatte Masse entsteht. Das übrige Mehl hinzufügen und mit einem Kochlöffel einarbeiten, bis sich alle Zutaten verbunden haben. Alles in der Schüssel zu einem weichen Teig kneten.

2. Den Teig gut zugedeckt mit einem Deckel oder einem feuchten Geschirrtuch bei Zimmertemperatur ca. 1 Std. gehen lassen, bis sich sein Volumen verdoppelt hat.

3. Den Teig kurz kneten und in sechs Portionen teilen. Jedes Teigstück auf einer mit wenig Mehl bestreuten Arbeitsfläche zu einer ca. 80 cm langen Rolle ausrollen, dann einmal in der Mitte zusammenlegen. Die Enden zusammendrücken, die Rolle an den Enden festhalten und in die jeweils entgegengesetzte Richtung drehen, sodass sich die Teigstränge ineinander verdrehen. Einen Ring formen und die Enden fest zusammendrücken.

4. Die Simit auf zwei mit Backpapier ausgelegte Backbleche legen. Pekmez mit 1 EL warmem Wasser verrühren, die Simit damit bestreichen und sofort mit Sesam bestreuen. Bei Zimmertemperatur 45 Min. gehen lassen, bis sie deutlich aufgegangen sind. Den Backofen auf 180° (Umluft) vorheizen. Die Simit im Ofen in 13–15 Min. goldbraun backen. Herausnehmen und warm oder kalt genießen.

HOKKAIDO-MILCHBROT

Ergibt 1 Brot (1 Kastenform: 24 × 12 × 7 cm)
Zubereitung: 30 Min. + 2 Std. Gehen + 25 Min. Backen

Dieses Milchbrot ist in Asien sehr beliebt und weitverbreitet. Durch Erhitzen eines Teils des Mehls mit Wasser in einem Vorteig kann das Mehl die Flüssigkeit besser aufnehmen. Das Brot wird dadurch weich, luftig und saftig.

Für den Vorteig: *1 leicht gehäufter EL Mehl • 50 ml Milch* **Für den Hauptteig:** *115 ml Milch • 5 g Trockenhefe • 35 g Butter • 1 Ei (M) • 50 g Zucker • Salz • 340 g Weizenmehl (Type 550)* **Außerdem:** *Öl für die Schüssel • Mehl für die Arbeitsfläche • 1 Eigelb • 2 TL Milch*

---

1. Für den Vorteig das Mehl mit 50 ml Wasser in einer kleinen Pfanne mit einem Schneebesen möglichst klumpenfrei verrühren. Anschließend die Milch unterrühren.

2. Den Vorteig auf dem Herd bei kleiner Hitze vorsichtig unter Rühren in 3–5 Min. erhitzen, aber nicht zum Kochen bringen. 65° sind ideal. Der Vorteig soll gelartig eindicken. Die Pfanne vom Herd nehmen und den Vorteig lauwarm abkühlen lassen.

3. Inzwischen für den Hauptteig die Milch erwärmen, in eine große Schüssel geben und die Hefe darüberstreuen. Etwa 1 Min. stehen lassen. Die Butter zerlassen. Das Ei in die Milch einrühren, dann den Vorteig und die Butter (beides soll höchstens lauwarm sein) mit einem Schneebesen einrühren. Den Zucker, 1 TL (6 g) Salz und etwa die Hälfte des Mehls dazugeben und gründlich vermengen. Das restliche Mehl einrühren, bis sich die Zutaten zu einem Teig verbunden haben.

4. Den Teig in der Schüssel ca. 5 Min. kneten, er ist anfangs sehr klebrig. Nach einigen Minuten wird er angenehmer in der Handhabung. Den Teig in einer sauberen, geölten Schüssel zugedeckt mit einem Deckel oder einem feuchten Geschirrtuch bei Zimmertemperatur ca. 1 Std. gehen lassen, bis er sein Volumen verdoppelt hat.

5. Den Teig auf einer leicht bemehlten Arbeitsfläche kurz kneten, um die Luft rauszulassen. In vier Portionen teilen. Jedes Teigstück oval ausrollen, es soll ca. 25 cm breit sein. Die Längsseiten zur Mitte hin gedrittelt falten, sodass ein langer Streifen entsteht. Den Teig von einem Ende zum anderen aufrollen. Alle vier Teigportionen mit der Naht nach unten in eine mit Backpapier ausgelegte Kastenform geben. Zugedeckt (s. Tipp) 45 Min.–1 Std. gehen lassen, bis der Teig die Form ausfüllt. Den Backofen auf 190° (Ober-/Unterhitze) vorheizen.

6. Eigelb und Milch verquirlen und das Brot damit bestreichen. Im Ofen (Mitte) 20–25 Min. goldbraun backen. Kurz in der Form abkühlen lassen, herausnehmen und auf einem Gitter auskühlen lassen.

Tipp: Die Form zum Gehen in einen dünnen, transparenten Plastikbeutel (z. B. aus der Obstabteilung eines Supermarkts) geben, Luft einfangen und den Beutel verschließen. So kann der Teig nicht am Geschirrtuch ankleben.

Variante: Für kleine Milchbrötchen den Teig zu neun Kugeln rollen und in einer Form mit 20 × 20 cm oder einer Springform (24 cm ∅) ca. 20 Min. backen.

Dieses weiche Milchbrot schmeckt am besten frisch aus dem Ofen oder nach einigen Tagen in dicke Scheiben geschnitten und getoastet.

BRIOCHE-BUNS

Ergibt 24 Stück
Zubereitung: 50 Min. + 2 Std. Gehen + 20 Min. Backen

Diese Mini-Buns sind nur ganz dezent süß. Sie eignen sich perfekt zum Füllen, z. B. herzhaft mit Pulled Pork und BBQ-Sauce. Sie schmecken auch kurz getoastet als Frühstücksbrötchen. Da sie sich gut einfrieren lassen, die Menge am besten nicht reduzieren.

---

200 ml Milch • 7 g Trockenhefe • 160 g weiche Butter • 1 EL Zucker • 3 Eier (M) • 600 g Weizenmehl (Type 550) • Salz **Außerdem:** *evtl. Mehl zum Arbeiten • 1 Eigelb • 1 EL Milch • 4 EL heller Sesam*

---

1. Die Milch lauwarm erhitzen, in eine kleine Schüssel geben, die Hefe gleichmäßig darüberstreuen und ca. 1 Min. ruhen lassen. Butter und Zucker in einer großen Rührschüssel mit dem Handrührgerät ca. 3 Min. aufschlagen, bis eine cremige Masse entsteht. Die Eier nacheinander einrühren.

2. Hefemilch, ca. die Hälfte des Mehls und 2 gestr. TL (9 g) Salz hinzufügen und ca. 1 Min. rühren. Übriges Mehl mit einem Kochlöffel einarbeiten.

3. Anschließend den Teig direkt in der Schüssel oder auf einer leicht bemehlten Arbeitsfläche ca. 5 Min. kneten, bis er glatt und seidig ist. Bei warmer Zimmertemperatur mit einem Deckel oder einem feuchten Geschirrtuch zugedeckt 1–1,5 Std. gehen lassen, bis er sein Volumen verdoppelt hat.

4. Den Teig in 24 Portionen teilen und zu Kugeln formen. Dazu die Teigstücke etwas flach drücken, die Teigränder in die Mitte klappen und zusammendrücken, sodass die Kugel hält. Sollte die Kugel noch nicht glatt sein, das Teigstück wenden, sodass die Naht unten ist, und auf einer sauberen, glatten Arbeitsfläche durch Drehen in eine runde Form bringen (rundwirken). Die Oberfläche des Teigs wird dadurch glatt und erhält Spannung.

5. Die Brötchen mit genügend Abstand zueinander auf zwei mit Backpapier ausgelegte Backbleche verteilen und ganz leicht flach drücken. Die Buns mit lauwarmem Wasser besprühen oder bepinseln und nicht zugedeckt gehen lassen.

6. Die Brote auf den Blechen bei warmer Zimmertemperatur nochmals 30 Min.–1 Std. gehen lassen, bis sie deutlich aufgegangen sind. Den Backofen auf 170° (Umluft) vorheizen.

7. Das Eigelb und die Milch verrühren. Die Buns damit bestreichen und mit dem Sesam bestreuen. Immer ein paar Buns auf einmal bepinseln und rasch mit Sesam bestreuen, so hält er am besten.

8. Die Buns im heißen Ofen in 15–20 Min. goldbraun backen. Herausnehmen, auskühlen lassen und nach Belieben befüllen.

Tipp: Die Buns schmecken am besten, wenn man sie halbiert und die Schnittflächen antoastet. Für große Mengen eignet sich der Backofengrill.

BIALYS MIT ZWIEBEL UND FETA

Ergibt 9 Stück
Zubereitung: 40 Min. + 6–8 Std. Gehen + 20 Min. Backen

Bialys sind runde Hefegebäcke mit einer Vertiefung in der Mitte, die meist mit Zwiebeln gefüllt wird. In New York City findet man sie in vielen Bäckereien. Das Original stammt aus Białystok in Polen und ist durch jüdische Immigranten nach New York gekommen.

Für den Teig: *200 g reifer Sauerteig (s. S. 138) • 300 g Weizenmehl (Type 550) • Salz • Öl für die Schüssel* **Für die Füllung:** *1 große rote Zwiebel • 2 Zweige Thymian • 1 EL Öl • Salz • schwarzer Pfeffer (frisch gemahlen) • 50 g Schafskäse (Feta) • 2 TL heller Sesam • 2 Stängel Oregano*

1. Für den Teig den Sauerteig und 200 g Wasser in einer großen Schüssel mit einem Schneebesen verquirlen. Etwa die Hälfte des Mehls und 2 gestr. TL (9 g) Salz dazugeben und alles ca. 1 Min. gut verrühren. Restliches Mehl hinzufügen und mit einem Kochlöffel ca. 2 Min. einarbeiten.

2. Den sehr weichen Teig am besten direkt in der Schüssel ca. 5 Min. mit den Händen kneten. Dann in eine geölte Schüssel geben und bei Zimmertemperatur zugedeckt 4–6 Std. gehen lassen, bis er sein Volumen verdoppelt hat.

3. Den Teig in neun Portionen teilen und jedes Stück zu einer Kugel formen. Dazu die Teigstücke etwas flach drücken, die Teigränder in die Mitte klappen und zusammendrücken, sodass die Kugel hält. Sollte die Kugel noch nicht glatt sein, das Teigstück wenden, sodass die Naht unten ist, und auf einer sauberen, glatten Arbeitsfläche durch Drehen in eine runde Form bringen (rundwirken). So wird die Oberfläche des Teigs glatt und erhält Spannung.

4. Die Teiglinge auf ein mit Backpapier ausgelegtes Backblech geben, leicht mit Mehl bestreuen und mit einem Geschirrtuch bedeckt ca. 2 Std. ruhen lassen, bis sie etwas aufgegangen sind.

5. Inzwischen für die Füllung die Zwiebel schälen und fein würfeln. Den Thymian waschen, trocken schütteln und die Blättchen abzupfen. Das Öl in einer Pfanne erhitzen und die Zwiebel darin bei mittlerer Hitze in ca. 5 Min. weich dünsten. Mit 1 Prise Salz, Pfeffer und der Hälfte des Thymians würzen. Die Mischung abkühlen lassen. Den Backofen auf 190° (Ober-/Unterhitze) vorheizen.

6. Die Teiglinge mit etwas Mehl bestäuben und mit den Fingern mittig Mulden hineindrücken, dabei einen 2 cm breiten Rand lassen. Die Bialys mit den Zwiebelstücken füllen. Den Schafskäse bis auf ein kleines Stück mit den Fingern darüberbröseln, das übrige Stück beiseitelegen. Den Teigrand mit Wasser bepinseln und den Sesam über Füllung und Teig streuen.

7. Die Bialys im Ofen (Mitte) in 15–20 Min. goldgelb backen. Herausnehmen und etwas abkühlen lassen. Den Oregano waschen, trocken schütteln und die Blätter abzupfen. Die Bialys mit dem beiseitegelegten Hirtenkäse sowie ein paar Thymian- und Oreganoblättern bestreuen.

Tipp: Sie können den Sauerteig durch 100 g Mehl, 100 g Wasser und 7 g Trockenhefe ersetzen.

SAUERTEIG-KRÄUTER-CRACKER

Ergibt 3 Bleche, Haltbarkeit: ca. 2 Wochen
Zubereitung: ca. 25 Min. + 45 Min. Ruhen + 15 Min. Backen

---

2 Zweige Thymian • 2 Stängel Oregano • 200 g reifer Sauerteig (s. S. 138) • 45 ml Olivenöl • Salz • ½ TL schwarzer Pfeffer (frisch gemahlen) • 90 g Weizenmehl (Type 550) • 25 g Vollkornmehl (ersatzweise Weizenmehl) • Mehl für die Arbeitsfläche **Zum Bestreuen:** *1 Handvoll kleine Salbeiblätter • 2 EL heller Sesam*

1. Thymian und Oregano waschen, trocken schütteln und die Blätter abzupfen. Die Hälfte fein hacken, den Rest beiseitelegen. Sauerteig, Olivenöl, gehackte Kräuter, ½ TL (3 g) Salz und den Pfeffer in einer Schüssel mit einem Kochlöffel vermengen. Beide Mehlsorten dazugeben und rühren, bis sich die Zutaten zu einem Teig verbunden haben.

2. Den Teig in der Schüssel ca. 3 Min. kneten, bis er glatt ist. anschließend luftdicht zugedeckt 45 Min. im Kühlschrank ruhen lassen.

3. Den Teig in drei Portionen teilen und jede auf einer leicht bemehlten Arbeitsfläche ca. 1 mm dünn ausrollen. Den Backofen auf 160° (Umluft) vorheizen. Die Teigplatten auf Backpapier legen und mit etwas Wasser bepinseln. Übrigen Thymian und Oregano sowie Salbei und Sesam daraufstreuen. Mit dem Nudelholz einmal darüberrollen.

4. Jede Teigplatte auf ein Backblech ziehen und in den Ofen schieben. Die Cracker in 13–15 Min. goldgelb backen. Herausnehmen, auskühlen lassen und in Stücke brechen. Trocken lagern.

Tipp: Sie können den Sauerteig durch 100 g Wasser und 100 g Weizenmehl ersetzen.

EVERYDAY GRANOLA

Ergibt 1,2 l, Haltbarkeit: mind. 1 Monat
Zubereitung: 10 Min. + 25 Min. Backen

---

80 g Mandeln • 150 g Haferflocken • 150 g Dinkelflocken (ersatzweise Haferflocken) • 30 g Sonnenblumenkerne • 40 g Kürbiskerne • Salz • ¼ TL gemahlener Zimt • 4 EL Sonnenblumenöl • 2 EL Ahornsirup (ersatzweise Honig) • 40 g Kokoschips • 40 g getrocknete Sauerkirschen (ersatzweise Cranberrys)

1. Die Mandeln grob hacken und mit Haferflocken, Dinkelflocken, Sonnenblumenkernen, Kürbiskernen, ¼ TL Salz und Zimt in einer großen Schüssel vermischen. Das Öl und den Ahornsirup in einer kleinen Schüssel mit einem Schneebesen verrühren. Die Mischung zu den trockenen Zutaten gießen und alles gut vermengen.

2. Den Backofen auf 150° (Umluft) vorheizen. Die Mischung auf einem mit Backpapier ausgelegten Blech verteilen. Das Blech in den Ofen schieben und das Granola ca. 20 Min. backen. In dieser Zeit das Blech dreimal herausnehmen und die Zutaten durchmischen und wenden. Darauf achten, dass das Granola von den Rändern des Blechs zur Mitte gelangt und umgekehrt.

3. Wenn das Granola nach 20 Min. duftet und goldbraun ist, alles noch einmal durchmischen und die Kokoschips gleichmäßig auf dem Granola verteilen. In 4–5 Min. fertig backen und herausnehmen.

4. Die Sauerkirschen auf das Granola streuen und alles mit einem Pfannenwender andrücken. Abkühlen lassen und in ein Schraubglas füllen. Das Granola hält bei Zimmertemperatur mindestens 1 Monat. Am besten auf Joghurt mit Ahornsirup genießen.

POPOVERS

Ergibt 6 große Popovers (6er Popover-Form oder 12er Muffin-Form)
Zubereitung: ca. 10 Min. + 25 Min. Backen

Popovers – auch Yorkshire Pudding genannt – vervielfachen ihr Volumen während des Backens. Sie schmecken köstlich warm mit Butter und Marmelade, aber auch in einer herzhaften Version mit schwarzem Pfeffer und frischen Kräutern im Teig. Oder ganz einfach pur, frisch aus dem Ofen. Dieses Rezept kann auch in einer Sauerteig-Variante (s. Tipp) gebacken werden. Da hier der Sauerteig nur als Geschmacksträger dient, ist das Rezept ideal zum Verwerten von Sauerteig, der beim Ansetzen übrig bleibt.

3 TL Sonnenblumenöl für die Form • 3 Eier (M) • Salz • 250 ml Milch • 170 g Weizenmehl (Type 405)

1. Etwa ½ TL Sonnenblumenöl in jede Mulde der Popover- oder Muffin-Form geben und mit einem Pinsel verstreichen. Die Form auf ein Backblech stellen und in den Ofen schieben. Den Backofen auf 190° (Umluft) einstellen.

2. Die Eier und ½ TL (3 g) Salz in einer Rührschüssel (am besten mit Ausgießer) mit einem Schneebesen verquirlen. Etwa die Hälfte der Milch und das Mehl einrühren. Alles gut verquirlen.

3. Die restliche Milch dazugeben und mit den anderen Zutaten zu einem glatten Teig verrühren. Wer keine Rührschüssel mit Ausgießer verwendet, füllt den Teig am besten in einen Krug um.

4. Die heiße Form vorsichtig aus dem Ofen nehmen und auf eine hitzefeste Arbeitsfläche stellen. Den Teig gleichmäßig auf die Mulden verteilen. Sie sollen zu ca. zwei Dritteln gefüllt sein.

5. Die Form wieder in den Ofen schieben und die Popovers ca. 25 Min. backen, bis sie hoch aufgegangen sind und eine goldene Farbe haben. Die Ofentür während der Backzeit nicht öffnen, sonst fallen die Popovers möglicherweise zusammen.

6. Die Form aus dem Ofen holen und das Gebäck herauslösen. Die Popovers fallen ziemlich schnell zusammen, daher am besten sofort mit Butter und Lieblingsmarmelade servieren.

Tipp: Für herzhafte Kräuter-Popovers frisch gemahlenen schwarzen Pfeffer und 2 EL gehackte Kräuter in den Teig geben.

Variante: Für Popovers mit Sauerteig 100 g reifen Sauerteig, 200 ml Milch, 120 g Mehl, 3 Eier und ½ TL Salz verwenden.

GETRÄNKE:

SIRUP, SCHNAPS & FERMENTIERTES

HOLUNDERBLÜTENSIRUP

Ergibt ca. 2 l, Haltbarkeit: ca. 6 Monate
Zubereitung: 40 Min. + 2 Tage Ziehen

Im Mai und Juni präsentiert sich der schwarze Holunder in seiner weißen, stark duftenden Blütenpracht. Für diesen Sirup sollten Sie nur Holunderdolden sammeln, deren Blüten vollständig geöffnet, jedoch nicht verblüht sind. Dieser Holunderblütensirup wird kalt angesetzt und ist in zwei Tagen fertig. Er schmeckt am besten verdünnt mit sprudeligem Mineralwasser (1 Teil Sirup auf 7–8 Teile Wasser) oder noch spritziger mit Prosecco und Sekt sowie in Cocktails wie dem berühmten »Hugo«.

1,5 kg Zucker • 50 g Zitronensäure • 25 große Holunderblütendolden • 1 Bio-Zitrone

1. Den Zucker mit 1 l Wasser und der Zitronensäure in einem Topf unter Rühren ca. 5 Min. erhitzen, bis er sich vollständig aufgelöst hat. Die Mischung muss nicht kochen. Danach abkühlen lassen.

2. Die Holunderblütendolden von Insekten befreien und die dicken Stiele entfernen. Die Blüten nicht waschen, dadurch verlieren sie viel Geschmack. Die Zitrone heiß waschen, abtrocknen und in dünne Scheiben schneiden.

3. Holunderblütendolden und Zitronenscheiben in ein großes Glas (mindestens 2,5 l) oder eine große Schüssel geben. Den abgekühlten Zuckersirup darübergießen. Die Blüten sollen so gut wie möglich vom Sirup bedeckt sein. Eventuell mit einem kleinen Teller beschweren.

4. Den Sirup zugedeckt an einem kühlen Ort, beispielsweise im Keller, ca. 2 Tage ziehen lassen. Während dieser Zeit ein- oder zweimal umrühren.

5. Den Sirup durch ein feinmaschiges Sieb, das mit einem Mulltuch ausgelegt ist, gießen und in saubere Flaschen füllen. In der Regel hält sich der Sirup kühl gelagert auch ohne Einkochen mindestens 6 Monate, häufig sogar 1 Jahr. Geöffnete Flaschen im Kühlschrank lagern.

Tipp: Für eine garantierte Haltbarkeit von 1 Jahr den Sirup in saubere Flaschen abfüllen. Den Rand sauber wischen, die Flaschen verschließen und in einen großen Topf mit Siebeinsatz oder Einlegeboden stellen. So viel kaltes Wasser angießen, bis die Flaschen zu drei Vierteln im Wasser stehen. Alles zugedeckt langsam zum Kochen bringen. Die Flaschen bei 90–100° ca. 30 Min. einkochen. Wer einen Einkochautomat hat, stellt 90° ein. Die Flaschen herausnehmen, abkühlen lassen und kühl lagern.

FLIEDERSIRUP

Ergibt ca. 280 ml, Haltbarkeit: ca. 1 Jahr
Zubereitung: 40 Min. + 2 Tage Ziehen

Fliederblüten ergeben einen großartigen Sirup – und zwar in puncto Farbe und Geschmack. Für dieses Rezept werden die Blüten des »Gewöhnlichen Flieders« (Syringa vulgaris) verwendet, der im April und Mai blüht. Alle Blütenfarben eignen sich – von Weiß über Rosa bis Violett. Je nach Blütenfarbe variiert auch die Farbe des Sirups. Wenn man dunkle Beeren als Farbstoff dazugibt, kann man die Farbe beeinflussen. Am besten einen Flieder verwenden, der besonders gut duftet. Dieser Sirup schmeckt sehr intensiv und kann im Verhältnis 1:10 mit Wasser verdünnt werden.

---

225 g Zucker • 1 TL Zitronensäure • 4 Heidelbeeren (ersatzweise Brombeeren) • 2 locker befüllte Tassen Fliederblüten (1 Tasse = 250 ml)

---

1. Den Zucker mit 150 ml Wasser, Zitronensäure und leicht angedrückten Heidelbeeren in einem kleinen Topf unter Rühren erhitzen, bis sich der Zucker aufgelöst hat. Den Sirup für eine schöne lila Farbe 1–2 Min. köcheln, dann abkühlen lassen.

2. Die Beeren herausfischen, den Topf vom Herd nehmen und den Sirup vollständig auskühlen lassen. Inzwischen die Fliederblüten von den Dolden zupfen. Es soll nichts Grünes mehr an den Blüten sein, auch nicht der kleine hellgrüne Ansatz, sonst kann der Sirup bitter werden. Die Blüten nicht waschen, da dadurch viel Geschmack verloren geht.

3. Die Blüten in ein sauberes Glas (400 ml) füllen und den abgekühlten Sirup darübergießen. Die Blüten so gut wie möglich mit einem sauberen Löffel nach unten drücken, sodass möglichst viele mit Sirup bedeckt sind. Da sie immer wieder aufsteigen, lassen sie sich nicht komplett bedecken, aber das macht nichts. Das Glas abdecken und die Mischung 2 Tage im Kühlschrank ziehen lassen. Das Ganze ein- oder zweimal umrühren.

4. Den Sirup durch ein feinmaschiges Sieb, das mit einem Mulltuch ausgelegt ist, in einen Topf gießen. Etwa 5 Min. kochen lassen und in saubere Gläser oder Flaschen abfüllen. Die Gläser oder Flaschen verschließen und in einen großen Topf mit Siebeinsatz oder Einlegeboden stellen. So viel heißes Wasser angießen, bis die Gläser oder Flaschen zu drei Vierteln im Wasser stehen. Alles zugedeckt langsam zum Kochen bringen. Die Gläser bei 90–100° ca. 30 Min. einkochen.

Tipps: Der Sirup eignet sich hervorragend zum Verdünnen mit sprudeligem Mineralwasser im Verhältnis 1:8 bis 1:10 – je nach gewünschter Süße.

Wenn man ihn nicht einkocht, hält der Fliedersirup ca. 2 Monate im Kühlschrank.

HIMBEER-SHRUB

Ergibt ca. 375 ml, Haltbarkeit: ca. 3 Wochen
Zubereitung: 20 Min. + mind. 2 Std. Ziehen

250 g sehr reife Himbeeren (ersatzweise andere Beeren) • 225 g Zucker • 125 ml Weißweinessig (ersatzweise Rotwein- oder Apfelessig) **Zum Servieren:** *kohlensäurehaltiges Mineralwasser • Himbeeren (nach Belieben) • Eiswürfel (nach Belieben)*

1. Die Beeren verlesen und waschen. Mit dem Zucker in einer Schüssel vermengen, dabei die Beeren leicht andrücken. Die Mischung mindestens 2 Std. bei Zimmertemperatur (oder über Nacht im Kühlschrank) zugedeckt ziehen lassen, ein- oder zweimal zwischendurch umrühren, damit der Zucker sich auflöst.

2. Die Mischung durch ein feines Sieb gießen, es sollten ca. 250 ml Sirup entstehen. Die Beeren aus dem Sieb anderweitig verwenden (s. Tipp).

3. Den Fruchtsirup mit dem Essig mischen und in eine saubere Flasche füllen. Den Himbeer-Shrub verschlossen im Kühlschrank lagern. Er wird bei längerer Lagerung milder.

4. Zum Servieren 2–3 EL Shrub mit kohlensäurehaltigem Wasser verdünnen. Nach Belieben noch mit Himbeeren und Eiswürfeln garnieren.

Tipps: Den Drink mit 1 Schuss Gin verfeinern.

Die Beeren schmecken als Zutat in Smoothies oder mit Joghurt und Müsli.

Für eine Aromavariation den Shrub mit anderen Beeren, z. B. Erdbeeren, servieren (s. Bild S. 4).

Schneller geht's mit der heißen Methode: Himbeeren, Zucker und 125 ml Wasser ca. 10 Min. köcheln lassen, die Beeren mehrmals leicht andrücken.

RHABARBER-WODKA

Ergibt ca. 380 ml, Haltbarkeit: mind. 6 Monate
Zubereitung: 15 Min. + 12 Std. + 3–4 Wochen Ziehen

400 g Rhabarber • 150 g Zucker • 300 ml Wodka (ca. 40 %)

1. Den Rhabarber putzen und waschen, die Blätter abschneiden. Dicke Stangen längs halbieren und alle Stangen in ca. 4 cm lange Stücke schneiden.

2. Rhabarber und Zucker in einer Schüssel vermengen. Die Mischung zugedeckt ca. 12 Std. bei Zimmertemperatur ziehen lassen.

3. Den Rhabarber samt Saft und nicht aufgelöstem Zucker in ein großes Einmachglas (ca. 0,7 l) geben. Mit dem Wodka aufgießen. Die Mischung fest verschlossen 3–4 Wochen ziehen lassen – während dieser Zeit den Rhabarber am besten mit einem Gewicht beschweren (z. B. mit dem Glasdeckel eines Einmachglases oder einem kleinen Teller), sodass er von Alkohol bedeckt ist.

4. Den Rhabarber-Wodka durch ein feines Sieb in eine Schüssel abseihen. Hat sich am Boden Satz gebildet, nach Belieben zusätzlich durch ein mehrfach gefaltetes Mull- oder Stofftuch filtern.

5. Den Rhabarber-Wodka mithilfe eines Trichters in eine Flasche umfüllen und kühl lagern.

Tipps: Gin-Fans können anstelle von Wodka auch Gin für den Shrub verwenden.

Für einen sommerlich-frischen Cocktail 4 EL Rhabarber-Wodka, 1 TL Limettensaft, ca. 120 ml sprudelndes Mineralwasser und Eiswürfel in einem Glas mischen. Bei Bedarf mit Sirup süßen.

NUSSSCHNAPS AUS GRÜNEN NÜSSEN

Ergibt ca. 1,4 l, Haltbarkeit: mind. 1 Jahr
Zubereitung: 30 Min. + 7–8 Wochen Ziehen

Nussschnaps – auch als Nusslikör bekannt – wird aus unreifen, grünen Walnüssen zubereitet. Die grünen Nüsse sollen traditionell bis spätestens zum 24. Juni, dem Johannistag, geerntet werden, sonst wird die Schale zu hart zum Schneiden. Die Gewürze verleihen dem Schnaps, der oft bei Magenverstimmungen getrunken wird (in Österreich nennen wir das »Verdauungsschnapserl«), eine würzig-aromatische Note.

---

20 grüne Walnüsse (ca. 560 g) • 1 Bio-Zitrone • 20 g Ingwer • 10 grüne Kardamomkapseln • 1 Vanilleschote • 2 Stängel Minze • 2 TL Fenchelsamen • 2 TL Anissamen • 3 lange Zimtstangen • 2 EL Nelken • 2 Sternanise • 1,4 l Wodka (ersatzweise Doppelkorn mit 38–40 %) • 300 g brauner Zucker

---

1. Die Walnüsse waschen und jede Nuss in vier Scheiben schneiden. Dazu am besten Küchenhandschuhe tragen (s. Tipp). Die zerkleinerten Nüsse in ein großes Bügelglas (2,5 l) geben.

2. Die Zitrone heiß waschen und abtrocknen, die Schale ohne den bitteren weißen Teil mit einem scharfen Messer fein abschälen. Zu den Nüssen geben. Den Ingwer schälen, in Scheiben schneiden und ebenfalls zu den Nüssen geben. Die Kardamomkapseln mit der flachen Seite eines Messers ganz leicht andrücken und in das Glas geben. Die Vanilleschote längs aufschneiden und hinzufügen. Die Minze waschen, trocken schütteln und die Stängel ebenfalls in das Glas geben.

3. Fenchelsamen, Anissamen, Zimtstangen, Nelken und Sternanise hinzufügen und den Wodka über die Zutaten gießen.

4. Das Glas verschließen und die Nussmischung an einem sonnigen Ort (z. B. auf der Fensterbank) ca. 6 Wochen ziehen lassen.

5. Den Ansatz durch ein mit einem Stofftuch ausgelegtes Sieb in eine Schüssel oder einen Krug filtern. (Ein Mulltuch eignet sich nicht, da es zu großmaschig ist und kleine Partikel durchlässt.)

6. Den Zucker zum Nussansatz geben und ein paar Minuten einrühren. Das Ganze wieder in das gesäuberte Bügelglas füllen und vor dem Verkosten unbedingt nochmals 1–2 Wochen verschlossen ziehen lassen – direkt nach dem Ansetzen schmeckt der Likör relativ scharf.

7. Den fertigen Nussschnaps in saubere Flaschen abfüllen und im Keller oder bei kühler Zimmertemperatur lagern. Der Likör wird mit der Zeit milder und schmeckt nach einigen Monaten am besten.

Tipp: Die Nüsse färben stark ab, darum am besten Küchenhandschuhe tragen und ein altes Schneidebrett verwenden. Auch der fertige Ansatz färbt dunkelbraun ab und Sie müssen damit rechnen, dass das Tuch zum Filtern nicht wieder sauber wird.

Der Nussschnaps schmeckt am besten bei kühler Zimmertemperatur. Durch sein Aroma passt er perfekt in die Weihnachtszeit.

ANGESETZTER GIN

Ergibt 0,7 l, Haltbarkeit: mind. 1 Jahr
Zubereitung: 15 Min. + 1 Tag Ziehen

---

2 EL Wacholderbeeren • 1 Bio-Zitrone • 1 Bio-Limette • 1 grüne Kardamomkapsel • 1 EL Korianderkörner • ein paar Blätter Zitronenmelisse (nach Belieben) • 0,7 l Wodka (ca. 40 %)

1. Die Hälfte der Wacholderbeeren mit einem Löffel oder Mörserstößel nur sehr leicht andrücken. Die Wacholderbeeren sollen nur minimal eingerissen sein, sonst färbt sich der Gin etwas dunkler. Die übrigen Wacholderbeeren ganz lassen.

2. Zitrone und Limette heiß waschen und abtrocknen. Von jeder Frucht ein ca. 3 × 4 cm großes Stück mit einem scharfen Messer oder Sparschäler dünn abschälen (ohne die weiße bittere Haut).

3. Die Kardamomkapsel aufbrechen und die schwarzen Samen herausschütteln.

4. Angedrückte und ganze Wacholderbeeren, Zitrusschalen, Kardamomsamen und Korianderkörner sowie, falls verwendet, die Zitronenmelisseblätter in ein großes Glas oder eine Flasche mit weitem Hals füllen. Den Wodka dazugießen und das Glas bzw. die Flasche verschließen. Die Mischung 1 Tag ziehen lassen. Nach dieser Zeit ist der Gin leicht golden gefärbt.

5. Den Gin durch ein feines Sieb filtern, das am besten zusätzlich mit einem Stofftuch ausgelegt ist. In Flaschen füllen.

Info: Angesetzter Gin, für den die Gewürze in eine Spirituose eingelegt werden, hat eine hellgoldene Farbe, da die Gewürze Farbstoffe abgeben. Im Unterschied dazu ist gebrannter Gin klar.

LIMONCELLO

Ergibt ca. 1,2 l, Haltbarkeit: mind. 1 Jahr
Zubereitung: 25 Min. + 3 Wochen Ziehen

---

5 Bio-Zitronen • 500 ml Weingeist (96 %, aus der Apotheke) • 320 g Zucker

---

1. Die Zitronen gründlich heiß waschen und abtrocknen. Die Schale ohne den bitteren weißen Teil mit einem scharfen Messer oder Sparschäler fein abschälen. Die geschälten Zitronen anderweitig verwenden (s. Tipp).

2. Die Schalen in ein großes Glas oder eine Flasche mit weitem Hals füllen. Den Weingeist dazugießen und die Mischung fest verschlossen 3 Wochen ziehen lassen.

3. Den Zucker und 640 ml Wasser in einen Topf geben. Unter Rühren zum Kochen bringen, dabei soll sich der Zucker vollständig auflösen. Den Topf vom Herd nehmen und den Sirup abkühlen lassen.

4. Den Zitronenschalenansatz durch ein feines Sieb in eine große Schüssel oder einen Krug abseihen und mit dem abgekühlten Zuckersirup vermischen. Den Limoncello in Flaschen abfüllen. Am besten eisgekühlt servieren.

Tipp: Die geschälten Zitronen lassen sich zu Lemon Curd verarbeiten. Auch die für den Likör verwendeten Schalen können noch genutzt werden: gut trocknen lassen, fein mahlen und als Aroma in Kuchen oder Plätzchen verwenden.

LIMONCELLO-KUCHEN

Ergibt 1 Kuchen (Springform: 26 cm ∅)
Zubereitung: 30 Min. + 45 Min. Backen

Dieser italienische Zitronenkuchen ist auch als »Torta Caprese Bianca« oder »Torta Caprese al Limone« bekannt und stammt aus der Region um Capri. Während eine herkömmliche Torta Caprese mit dunkler Schokolade hergestellt wird, kommt in dieser Version weiße Schokolade zum Einsatz. Durch die Zugabe des Zitronenlikörs Limoncello, der entlang der Amalfiküste hergestellt wird, erhält dieser saftige Kuchen seine charakteristische Zitronennote.

---

250 g gemahlene gehäutete Mandeln • 150 g Zucker • 60 g Maisstärke • ½ Pck. Backpulver • 200 g weiße Schokolade • 1 Bio-Zitrone • 6 Eier (M) • Salz • 50 ml Limoncello (s. S. 169 oder Fertigprodukt) • 80 ml Olivenöl • Puderzucker zum Bestreuen

---

1. Die Mandeln mit dem Zucker in einer Schüssel vermengen. Die Maisstärke und das Backpulver gründlich unterrühren.

2. Die weiße Schokolade fein reiben oder in einem Mixer sehr feinkörnig zerkleinern und unter die Mandelmischung rühren.

3. Die Zitrone heiß waschen, abtrocknen und die Schale direkt in die Schüssel mit der Mandelmischung reiben. Alle Zutaten gründlich vermengen.

4. Den Backofen auf 180° (Ober-/Unterhitze) vorheizen. Die Eier in eine weitere große Schüssel aufschlagen, 1 Prise Salz dazugeben und mit einem Handrührgerät in ca. 3 Min. cremig aufschlagen. Limoncello und Olivenöl ganz kurz unterrühren.

5. Die trockenen Zutaten zu der Eier-Limoncello-Öl-Mischung geben und alles mit den Rührbesen des Handrührgeräts gut vermengen.

6. Den Teig in eine mit Backpapier ausgelegte Springform gießen und im Ofen (Mitte) in 40–45 Min. goldbraun backen. Nach ca. 15 Min. nachsehen, ob der Kuchen schon goldbraun ist. Falls ja, die Form mit Alufolie abdecken. Nach der Backzeit mit einem Holzstäbchen mittig in den Kuchen stechen, um zu sehen, ob der Teig schon durchgebacken ist. Wenn kein Teig am Stäbchen hängen bleibt, ist der Kuchen fertig.

7. Den Kuchen aus dem Ofen nehmen, abkühlen lassen und vorsichtig aus der Form lösen. Mit Puderzucker bestreuen, in Stücke schneiden und mit einer Tasse Espresso genießen.

KOMBUCHA

Ergibt ca. 3 l, Haltbarkeit: ca. 1 Monat
Zubereitung: 10 Min. + 20 Min. Ziehen + 5–10 Tage Fermentieren

Kombucha ist gesüßter Tee, der durch Fermentation erfrischend-säuerlich wird. Zur Herstellung wird ein Teepilz benötigt – auch Scoby genannt –, der aus Bakterien- und Hefekulturen besteht. Teepilze in Ansatzflüssigkeit sind online oder manchmal im Reformhaus erhältlich. Die saure Ansatzflüssigkeit ist für das Gelingen des Kombuchas wichtig.

---

24 g loser grüner Tee (ersatzweise schwarzer Tee oder Teebeutel) • 240 g brauner Zucker (ersatzweise weißer Zucker) • 300 ml Ansatzflüssigkeit (s. oben) • 1 Teepilz (s. oben)

---

1. Zuerst den Tee zubereiten. Den grünen Tee mit 1 l kochendem Wasser aufgießen und 20 Min. ziehen lassen. Die längere Ziehzeit löst aus dem Tee Stoffe, die der Kombucha benötigt.

2. Den Zucker im heißen Tee auflösen, anschließend den heißen Tee mit 2 l kaltem Wasser in einem sauberen, großen Glasgefäß (mindestens 4 l) vermengen. Den Tee anschließend unbedingt abkühlen lassen.

3. Die Ansatzflüssigkeit (mindestens 10 % der Teemenge) in den abgekühlten Tee rühren, anschließend den Teepilz einlegen. Manchmal schwimmt der Pilz an der Oberfläche, manchmal sinkt er ab oder schwebt im Glas – alles ist in Ordnung.

4. Das Gefäß mit einem Stofftuch oder Küchenpapier abdecken und dieses mit einem Gummiring fixieren. Der Kombucha braucht eine gute Sauerstoffzufuhr, darum keinesfalls luftdicht abdecken.

5. ERSTE FERMENTATION: Den Kombucha an einen nicht allzu hellen Ort, z. B. in eine dunkle Ecke in der Küche, stellen und bei 19–27° 5–10 Tage fermentieren lassen. Während dieser Zeit wird der Zucker im Kombucha abgebaut und der Kombucha wird zunehmend saurer. An der Oberfläche wächst ein neuer Scoby. Nach ca. 5 Tagen probieren, wenn der Kombucha schmeckt, ist er fertig. Wer es saurer mag, lässt ihn bis zu 10 Tage fermentieren.

6. Den fertigen Kombucha in Flaschen abfüllen und im Kühlschrank oder kühlen Keller lagern. Wer den Kombucha mit einer zusätzlichen Geschmacksnote und Kohlensäure versetzen möchte, kann eine Zweitfermentation machen (s. S. 175). Wichtig: Nicht den gesamten Kombucha trinken, sondern mindestens 300 ml übriglassen. Diese dient als Ansatzflüssigkeit für den nächsten Kombucha.

7. ZWEITE FERMENTATION: Die zweite Fermentation (s. S. 175) dient dazu, den Kombucha mit Kohlensäure und verschiedenen Geschmacksrichtungen zu versetzen. Für die zweite Fermentation unter Ausschluss von Sauerstoff können je nach Belieben Früchte, Fruchtsaft oder Kräuter zum Aromatisieren verwendet werden.

Tipp: Wenn Sie einen weniger sauren Kombucha bevorzugen, können Sie das Rezept mit weniger Zucker (180 g) zubereiten.

FRAGEN & ANTWORTEN
KOMBUCHA

Manchmal schwimmt der Teepilz an der Oberfläche, manchmal sinkt er auf den Boden oder schwebt im Glas – alles ist in Ordnung.

WARUM BENÖTIGT MAN SO VIEL ZUCKER?
Kombucha enthält beim Ansetzen viel Zucker. Dieser wird von den Mikroorganismen zum Fermentieren benötigt – sie wandeln den Zucker zuerst in Alkohol und anschließend in Säure um. Ein Großteil des Zuckers wird abgebaut. Je saurer der Kombucha, desto weniger Zucker enthält er. In der Regel verwendet man zum Ansetzen 80–90 g Zucker auf 1 l Tee.

ENTHÄLT KOMBUCHA ALKOHOL?
Ein Alkoholgehalt von 0,5 bis 1 % in Kombucha ist üblich. Was viele nicht wissen: Auch Obstsäfte enthalten geringe Mengen Alkohol. Um beim Brauen die Alkoholkonzentration möglichst gering zu halten, kann man etwas weniger Zucker verwenden, vor allem bei der Zweitfermentation.

WIE LAGERT MAN DEN TEEPILZ? KANN MAN PAUSIEREN?
Für eine Kombucha-Pause kann der Teepilz einige Wochen bei Zimmertemperatur in ausreichend Ansatzflüssigkeit aufbewahrt werden. Gekühlt hält er sogar einige Monate. Die Ansatzflüssigkeit wird zunehmend saurer und irgendwann zu Essig. Diese Entwicklung läuft umso schneller ab, je weniger Flüssigkeit der Scoby zur Verfügung hat und je höher die Temperatur ist.

WAS MACHE ICH MIT DEM NEU ENTSTANDENEN TEEPILZ?
Bei jedem neuen Kombucha-Ansatz bildet sich ein neuer Pilz. Damit kann ein eigener Kombucha angesetzt werden. Alternativ: Pilz verschenken oder wie oben beschrieben lagern.

AROMATISIERTER KOMBUCHA

Ergibt 900 ml, Haltbarkeit: ca. 1 Monat
Zubereitung: 5 Min. + 1–3 Tage Fermentieren

---

900 ml Kombucha (s. S. 172) • 4 Aprikosen in Stücken • oder 2 Handvoll gemischte Beeren (ersatzweise TK) • oder 3 EL Holundersirup + 1 Stängel Minze • oder 2 Stängel Minze + 2 Scheiben Ingwer + 4 Blätter Thai-Basilikum

---

1. Kombucha mit Früchten oder Kräutern mischen und in eine Flasche oder ein Schraubglas füllen. Meine Lieblingskombinationen finden sich in den Zutaten. Flasche oder Glas dabei nicht randvoll füllen und Kombucha gut verschlossen 1–3 Tage bei Zimmertemperatur fermentieren lassen.

2. Der Druck in der Flasche erhöht sich durch die Kohlensäureproduktion. Für diese Zweitfermentation daher ein Gefäß wählen, das Überdruck ablässt, wie etwa große Einmachgläser oder -flaschen mit Glasdeckel und Gummiring. Auch Plastikflaschen eignen sich, da sie Überdruck anzeigen, indem sie härter werden. Flaschen mit Schraubverschluss unbedingt ab und zu ganz kurz leicht öffnen, um Luft entweichen zu lassen.

3. Nach 1–3 Tagen ist der aromatisierte Kombucha fertig. Danach abseihen und kühl lagern. Kühlere Temperaturen verlangsamen den Fermentationsprozess, halten ihn aber nicht ganz auf. Der Kombucha wird daher mit längerer Lagerung zunehmend saurer.

Tipps: Mindestens 300 ml Kombucha für den nächsten Ansatz aufheben.

Statt Früchten und Kräutern kann auch Fruchtsaft (100–200 ml auf 1 l Kombucha) verwendet werden.

WASSERKEFIR

Ergibt 1 l, Haltbarkeit: ca. 3 Wochen
Zubereitung: 10 Min. + 2–5 Tage Fermentieren

Wasserkefir ist ein frisches, kohlensäurehaltiges Getränk und die perfekte Alternative zu süßer Limonade. Ähnlich wie bei Kombucha wandeln Bakterien und Hefen Zucker in Säure um. Die Starterkultur wird als Kefirkristalle oder Tibicos bezeichnet. Man bekommt sie auf Tauschbörsen im Internet oder im Onlinehandel, manchmal auch im Drogeriemarkt. Das fermentierte Getränk ist im Vergleich zu Kombucha etwas leichter.

---

60 g Zucker • 4 getrocknete Aprikosen • 1 EL Wasserkefirkristalle (30 g; s. oben) • 1 Handvoll Rote Johannisbeeren • 1 Handvoll Heidelbeeren

---

1. Den Zucker und die getrockneten Aprikosen in ein Glas (mindestens 1 l Inhalt) geben. 200 ml heißes Wasser dazugießen und rühren, bis sich der Zucker aufgelöst hat. Anschließend 800 ml kaltes Wasser dazugießen. Die Kefirkristalle dazugeben und kurz umrühren.

2. ERSTE FERMENTATION: Den Wasserkefir 1–3 Tage zugedeckt ruhen lassen. Ein Gärsystem-Aufsatz, ein aufgelegter Glasdeckel oder Frischhaltefolie eigen sich gut zum Abdecken.

3. Je nach gewünschtem Säuregrad fermentieren lassen – länger für saureren, kürzer für einen Kefir mit mehr Zuckergehalt. Immer wieder kosten. Wenn das Getränk schmeckt, ist es fertig.

4. Den Wasserkefir durch ein Sieb in einen Krug abgießen. Die Aprikosen essen oder entsorgen, die Kefirkristalle für den nächsten Ansatz verwenden. Am besten schmeckt Wasserkefir gekühlt.

5. ZWEITE FERMENTATION: Den Kefir auf zwei Flaschen verteilen, nicht randvoll machen. Die Beeren verlesen, waschen und je eine Sorte in eine Flasche geben. Luftdicht verschließen und 1–2 Tage bei Zimmertemperatur stehen lassen.

6. Je länger der Kefir luftdicht fermentiert, desto mehr Kohlensäure bildet sich, und Druck baut sich in der Flasche auf. Daher regelmäßig kurz öffnen und kontrollieren, dass der Druck nicht zu groß wird. Flaschen mit Gummistöpsel oder Plastikflaschen wölben sich auf und zeigen zu viel Druck dadurch gut an.

7. Den Wasserkefir im Kühlschrank lagern. Dort hält er sich einige Wochen, wird aber zunehmend saurer. Wer für die Zweitfermentation frische Früchte zugibt, kann den fermentierten Kefir in den Flaschen samt Früchten 2–3 Tage im Kühlschrank lagern. Bei einer längeren Lagerung die Früchte entfernen, da sie sich mit der Zeit zersetzen.

Tipps: Statt mit Beeren können Sie den Kefir bei der Zweitfermentation auch mit anderen Früchten, Kräutern oder Fruchtsäften aromatisieren.

Die Kefirkristalle können 3–4 Wochen in Zuckerwasser im Kühlschrank gelagert werden. Wenn das Zuckerwasser sauer wird, weggießen und die Kefirkristalle mit neuem Zuckerwasser aufgießen.

GINGER BUG

Ergibt ca. 450 ml, Haltbarkeit: unbegrenzt
Zubereitung: 10 Min. + 5–7 Tage Ruhen

Der Ginger Bug ist eine Ingwer-Starterkultur zum Fermentieren von Getränken, ähnlich dem Teepilz für Kombucha oder den Kefirkristallen für Wasserkefir. Ein Ginger Bug lässt sich sehr einfach selbst zubereiten. Es ist nichts weiter nötig als Ingwer (s. Tipp), Zucker und etwas Zeit. Die Ingwerkultur bringt Kohlensäure in Säfte und wird zum Herstellen von Ginger Beer (s. S. 180) verwendet. Der Ginger Bug ist unbegrenzt haltbar.

---

ca. 100 g Ingwer (am besten bio; s. Tipp) • ca. 100 g Zucker

---

1. Etwa 20 g Ingwer waschen und mit der Schale reiben. Ingwer aus konventionellem Anbau vorher schälen (s. Tipp). Geriebenen Ingwer, 2 EL Zucker (ca. 25 g) und 300 ml Wasser in einem großen Glas (mindestens 450 ml) verrühren. Mit Küchenpapier oder einem Stofftuch abdecken und dieses mit einem Gummiring fixieren.

2. Die Mischung bei Zimmertemperatur 5–7 Tage stehen lassen. Während dieser Zeit jeden Tag wieder ein Stück Ingwer (ca. 10 g) waschen und reiben. Die Mischung jeden Tag mit dem geriebenen Ingwer und 1 EL Zucker füttern.

3. Nach einigen Tagen bilden sich Bläschen oder Schaum an der Oberfläche, und wenn man leicht am Glas rüttelt, zischt es. Die Flüssigkeit ist etwas eingetrübt mit einem weißen Bodensatz. Nach ungefähr 5 Tagen ist der Ginger Bug fertig. Sind keine der genannten Anzeichen zu sehen, den Ginger Bug noch 2 Tage weiterfüttern. Ansonsten das Ganze entsorgen und mit einer neuen Ingwerknolle einen frischen Ansatz starten.

4. Der Ginger Bug kann nun verwendet werden, beispielsweise für die Herstellung von Ginger Beer (s. S. 180). Den Ginger Bug anschließend abgedeckt im Kühlschrank lagern und jede Woche je 1 TL geriebenen Ingwer, Zucker und Wasser einrühren. Nachdem die Menge stetig zunimmt, gelegentlich etwas von der Flüssigkeit und vom Ingwer entsorgen und mit etwas Wasser aufgießen, damit der Bug nicht zu intensiv wird.

Tipp: Ich setze den Ginger Bug immer mit Bio-Ingwer an, denn dann kann ich die Schale verwenden und das Ganze gelingt mit großer Wahrscheinlichkeit. Auf der Schale befinden sich viele der benötigten Mikroorganismen. Konventioneller Ingwer darf bestrahlt werden, was die Mikroorganismen abtötet. Außerdem ist die Schale oft stark mit Pestiziden belastet.

GINGER BEER

Ergibt ca. 1 l, Haltbarkeit: ca. 3 Wochen
Zubereitung: 1 Std. + 1–3 Tage Ziehen

Ginger-Beer, auf Deutsch: Ingwerbier, entsteht durch Fermentation von Ingwersaft. Ingwer, Wasser und Zucker werden dafür auf dem Herd gekocht und anschließend mit einem Ginger Bug (s. S. 178) als Starterkultur versetzt. Dadurch kommen Kohlensäure und etwas Alkohol in das Getränk, ähnlich wie bei Kombucha. Der Name »Ginger Beer« kommt übrigens von der weißen Schaumkrone, die Ingwerbier nach dem Einschenken hat.

15 g Ingwer (am besten bio) • 100 g Zucker • 50 ml Ginger Bug (s. S. 178) • 2 EL Zitronensaft

1. Den Ingwer waschen und in kleine Stücke schneiden. Mit 300 ml Wasser in einen Topf geben und ca. 20 Min. offen köcheln lassen. Dabei verkocht rund die Hälfte der Flüssigkeit.

2. Die Flüssigkeit durch ein Sieb in einen Krug oder eine große Schüssel gießen und den Ingwer entsorgen. Den Zucker in die warme Flüssigkeit einrühren, bis er sich aufgelöst hat, anschließend mit rund 750 ml kaltem Wasser aufgießen, sodass der Ingwersaft auf Zimmertemperatur abkühlt (das ist wichtig, damit die Mikroorganismen im Ginger Bug nicht absterben).

3. Den Ginger Bug samt dem weißen Bodensatz gründlich aufrühren, 50 ml abmessen, durch ein Sieb gießen und mit dem abgekühlten Ingwersaft vermengen. Den Zitronensaft dazugeben. (Die fehlende Flüssigkeit im Glas des Ginger Bugs durch Wasser ersetzen.)

4. Das Ginger Beer in Flaschen abfüllen, dicht verschließen und 1–3 Tage bei Zimmertemperatur stehen lassen. In dieser Zeit entsteht Kohlensäure. Die Flaschen gelegentlich ganz kurz öffnen, um Druck entweichen zu lassen. Das Ginger Beer nach dem Fermentieren im Kühlschrank lagern.

Tipp: Für fermentierte Limonade ca. 1 l gezuckerten Fruchtsaft, süßen Tee oder süß zubereitete Limonade mit 50 ml gut aufgerührter Ginger-Bug-Flüssigkeit verrühren und wie im Rezept beschrieben fermentieren lassen.

Info: Ginger Beer und Ginger Ale werden häufig verwechselt. Beides wird wörtlich mit Ingwerbier übersetzt, aber es handelt sich um verschiedene Getränke. Das alkoholfreie Ginger Ale wird mit kohlensäurehaltigem Wasser, Ingwer und Zucker hergestellt. Ginger Beer entsteht durch Fermentation und hat einen geringen Alkoholgehalt. Die meisten Ingwerbiere aus dem Supermarkt enthalten aber so kleine Mengen, dass sie als nicht alkoholisch eingestuft sind. Ginger Beer schmeckt kräftiger und schärfer als das süßere Ginger Ale, das außerdem mehr Kohlensäure enthält.

SAISONKALENDER

Dieser Saisonkalender zeigt Ihnen, in welchen Monaten die im Buch vorkommenden Obst- und Gemüsesorten sowie Blüten aus heimischem Anbau Saison haben. Steht regionale Lagerware zur Verfügung, ist dies ebenfalls im Saisonkalender markiert.

	Jan	Feb	März	April	Mai	Juni	Juli	Aug	Sep	Okt	Nov	Dez
Ananas (nur Import)	●	●	●	●	●	●	●	●	●	●	●	●
Äpfel	○	○	○	○	○	○	○	●	●	●	●	○
Aprikosen							●	●				
Auberginen							●	●	●	●		
Blutorangen (nur Import)	●	●	●									●
Bärlauchknospen			●	●								
Chilischoten								●	●	●		
Chinakohl	○	○	○					●	●	●	●	○
Daikon-Rettich	○	○	○	○			●	●	●	●	○	○
Erdbeeren					●	●	●	●				
Fliederblüten				●	●							
Frühlingszwiebeln					●	●	●	●	●	●		
Gurken						●	●	●	●	●		
Heidelbeeren						●	●	●	●			
Himbeeren						●	●	●	●	●		
Holunderbeeren								●	●			
Holunderblüten					●	●						
Johannisbeeren						●	●	●				
Kirschen						●	●	●				
Knoblauch	○	○	○	○	○	○	●	●	●	○	○	○

	Jan	Feb	März	April	Mai	Juni	Juli	Aug	Sep	Okt	Nov	Dez
Kürbis	○	○	○	○				●	●	●	●	○
Lauch							●	●	●	●	●	
Limetten (nur Import)	●	●	●	●	●	●	●	●	●	●	●	●
Löwenzahnblüten				●	●	●						
Möhren	○	○	○	○	○	●	●	●	●	●	○	○
Orangen (nur Import)	●	●	●								●	●
Paprika								●	●	●		
Rhabarber				●	●	●						
Rotkohl	○	○	○	○	○	●	●	●	●	●	●	○
Sellerieknolle	○	○	○	○	○	○			●	●	●	○
Tomaten							●	●	●	●		
Walnüsse, grün						●						
Wassermelone								●	●			
Weißkohl	○	○	○	○	○	●	●	●	●	●	●	○
Zitronen (nur Import)	●	●	●	●	●	●	●	●	●	●	●	●
Zucchini						●	●	●	●	●		
Zwetschgen							●	●	●	●		
Zwiebeln	○	○	○	○	○	○	●	●	●	●	○	○

● frisch aus heimischem Anbau ○ regionale Lagerware

REGISTER

APPETIT AUF MEHR?

ISBN 978-3-8338-7075-0

ISBN 978-3-8338-7082-2

ISBN 978-3-8338-7138-2

ISBN 978-3-8338-6153-6

ISBN 978-3-8338-7235-8

ISBN 978-3-8338-6762-0

Alle hier vorgestellten Bücher sind auch als eBook erhältlich.

G|U

Mehr von GU auf **www.gu.de** und **facebook.com/gu.verlag**

IMPRESSUM

Konzept und Projektleitung: Monika Greiner, Vanessa Lotz
Lektorat: Katharina Lisson
Korrektorat: Jutta Friedrich
Innen- und Umschlaggestaltung: independent Medien-Design, München: Horst Moser (Artdirection)
Herstellung: Petra Roth
Satz: Longo AG, Bozen
Reproduktion: Longo AG, Bozen
Druck: Firmengruppe APPL, aprinta druck, Wemding
Bindung: Conzella, Pfarrkirchen

Printed in Germany

3. Auflage 2020
ISBN 978-3-8338-7338-6

Umwelthinweis: Dieses Buch ist auf PEFC-zertifiziertem Papier aus nachhaltiger Waldwirtschaft gedruckt.

GRÄFE UND UNZER

Ein Unternehmen der
GANSKE VERLAGSGRUPPE

www.facebook.com/gu.verlag

DIE AUTORIN

Ursula Schersch ist Journalistin, Foodfotografin und Bloggerin. Sie publiziert regelmäßig in diversen Foodmagazinen und schreibt eine eigene Rezeptkolumne in der Onlineausgabe der Wiener Tageszeitung »Der Standard«. Ihre Foodblogs Taste of Travel und Li'l Vienna erreichen bei Food Blog Awards immer wieder Top-Platzierungen. Aufgewachsen auf einem kleinen Bauernhof in Österreich, wo Haltbarmachen schon immer ein Thema war, verschlug es sie bald in die weite Welt. Für dieses Buch hat sie ihre Rezepte mit einer Prise Fernweh gewürzt und kunstvoll in Szene gesetzt.
www.tasteoftravel.at
www.lilvienna.com

DANK

Mein allergrößter Dank geht an: David Krejci – für einfach alles. Monika Schütz für das Leihen der Küche bis zum Korrekturlesen. Meine Eltern fürs Kräutertrocknen, Früchteernten und für allerlei Handwerkliches. Erika Lughofer fürs Aushelfen in Kamera-Notfällen. Gerlinde und Karl Krejci für die Raubzüge durch deren Garten. Prof. Emmerich Berghofer für die Beantwortung all meiner Fragen. Monika Greiner, die mich an Bord geholt und das Projekt konzipiert hat. Vanessa Lotz und Katharina Lisson, die das Werk maßgeblich geformt haben. Pui San Ng, Katrin Heindl, Esra Zuhal und die Leser meiner Blogs.

BILDNACHWEIS:

alle Fotos von Ursula Schersch, außer Autorenfoto S. 6: David Krejci

QUALITÄTS G|U GARANTIE

LIEBE LESERINNEN UND LESER,

wir wollen Ihnen mit diesem Buch Informationen und Anregungen geben, um Ihnen das Leben zu erleichtern oder Sie zu inspirieren, Neues auszuprobieren. Wir achten bei der Erstellung unserer Bücher auf Aktualität und stellen höchste Ansprüche an Inhalt und Gestaltung. Alle Anleitungen und Rezepte werden von unseren Autoren, jeweils Experten auf ihren Gebieten, gewissenhaft erstellt und von unseren Redakteuren/innen mit größter Sorgfalt ausgewählt und geprüft.

Haben wir Ihre Erwartungen erfüllt? Sind Sie mit diesem Buch und seinen Inhalten zufrieden? Haben Sie weitere Fragen zu diesem Thema? Wir freuen uns auf Ihre Rückmeldung, auf Lob, Kritik und Anregungen, damit wir für Sie immer besser werden können. Und wir freuen uns, wenn Sie diesen Titel weiterempfehlen, in Ihrem Freundeskreis oder bei Ihrem online-Kauf.

Sollten wir Ihre Erwartungen so gar nicht erfüllt haben, tauschen wir Ihnen Ihr Buch jederzeit gegen ein gleichwertiges zum gleichen oder ähnlichen Thema um.

KONTAKT

GRÄFE UND UNZER VERLAG
Leserservice
Postfach 86 03 13
81630 München
E-Mail: leserservice@graefe-und-unzer.de

Telefon: 00800 / 72 37 33 33*
Telefax: 00800 / 50 12 05 44*
Mo-Do: 9.00-17.00 Uhr
Fr: 9.00-16.00 Uhr
(*gebührenfrei in D,A,CH)

Syndication: www.seasons.agency

Titelrezept: Marokkanische Salzzitronen, S. 86